सुशील कुमार

(समकालीन कविता में पर्यावरण संचेतना और 64 कविताएँ)

बाँसलोई में बहत्तर ऋतु

सुशील कुमार

हिन्द युग्म

ISBN: 978-81-19555-47-5

प्रकाशक :
हिंद युग्म
सी-31, सेक्टर-20, नोएडा (उ.प्र.)-201301
फ़ोन- +91-120-4374046

मुद्रक : मनीपाल टेक्नोलॉजीज लिमिटेड
कला-निर्देशन : विजेन्द्र एस विज

पहला संस्करण : जुलाई 2025
मूल्य : ₹299

Baansloi Mein Bahattar Ritu
By *Sushil Kumar*

Published By
Hind Yugm
C-31, Sector-20, Noida (UP)-201301
Phone- +91-120-4374046
Email- sampadak@hindyugm.com
Website- www.hindyugm.com

First Edition: Jul 2025
Price: ₹299

प्राकृतिक आपदाओं से
किसी तरह
बच गए लोगों के लिए

आभार

पर्यावरण साहित्य की इस यात्रा के पूर्वकथन में उनसठ से ऊपर जिन समकालीन कवियों की पर्यावरणीय कविताएँ विशेष रूप से सम्मिलित हैं, उनमें कवि केदारनाथ सिंह, कुँवर नारायण, मंगलेश डबराल, नरेश सक्सेना, बशीर बद्र, दिविक रमेश, रामकुमार कृषक, शंभु बादल, महेंद्र नेह, बजरंग बिश्नोई, डी. एम. मिश्र, कौशल किशोर, शैलेंद्र चौहान, हृदयेश मयंक, नरेंद्र पुंडरीक और स्वप्निल श्रीवास्तव जी के प्रति अनेकशः आभार।

इस सहयात्रा में अपनी कविताएँ भेजने वाले अन्य कवियों-कवयित्रियों का भी तहे-दिल से शुक्रिया और स्वागत।

इसके अतिरिक्त पाब्लो नेरुदा, डब्ल्यू. एस. मर्विन, विलियम बटलर येट्स आदि समादृत वैश्विक कवियों की काव्य पंक्तियाँ भी साभार उद्धृत।

रुको, ओ पृथ्वी

लौट आओ मेरे पास, ओ सूरज
मेरी गँवई तक़दीर के पास
पुराने जंगल की बारिश
लौटा दो मुझे वह ख़ुशबू और वे तलवारें
जो आसमान से गिरी थीं
पत्थर और चरागाह की निर्जन शांति
नदी के छोरों की नमी
देवदार के पेड़ की गंध
वह जीवंत हवा जैसे दिल में
ऊँचे अराउकारिया[1] के
बेचैन झुंडों के बीच धड़कती हुई

ओ पृथ्वी, लौटा दो मुझे अपने .ख़ालिस तोहफ़े
.ख़ामोशी की वे मीनारें जो
जड़ों की महानता से उठी थीं
मैं फिर वह बनना चाहता हूँ जो मैं नहीं बन सका
फिर से उतनी गहराई से सीखने
चाहे तमाम प्राकृतिक चीज़ों के बीच
मैं जी सकूँ या न जी सकूँ : कोई बात नहीं
एक और पत्थर होना, वह काला पत्थर
वह .ख़ालिस पत्थर जिसे नदी अपने साथ ले जाती है

साहित्य अकादमी से प्रकाशित पुस्तक 'रुको ओ पृथ्वी' से साभार
(मूल स्पानी : पाब्लो नेरुदा, स्पानी से हिंदी अनुवाद : प्रभाती नौटियाल)

---

1. सनोवर से मिलता-जुलता 'चिले' में पाया जाने वाला एक वृक्ष।

क्रम

प्रथम सर्ग : पहाड़ में सुरंग (14 कविताएँ)

दूर एक लालटेन जलती है पहाड़ पर
एक तेज़ आँख की तरह
टिमटिमाती धीरे-धीरे आग बनती हुई
-मंगलेश डबराल

द्वितीय सर्ग : लौटूँ फिर हरियाली बन (12 कविताएँ)

मेरे घर के पास एक पेड़ खड़ा था
यह घर से पहले था, शहर से पहले
यह पक्षियों, हवा और मौन का मित्र था
-डब्ल्यू.एस. मर्विन (यू. एस.) की The Tree से

तृतीय सर्ग : दरिया का मर्सिया (10 कविताएँ)

अगर फ़ुर्सत मिले पानी की तहरीरों को पढ़ लेना
हर इक दरिया हज़ारों साल का अफ़्साना लिखता है
-बशीर बद्र

चतुर्थ सर्ग : हरिया गा रहा तराई में (28 कविताएँ)

अभी यहाँ से उठकर, चलकर इनिसफ्री को जाऊँगा
मिट्टी-सरकण्डों की छोटी कुटिया एक बनाऊँगा
तरु पर एक शहद का छत्ता, मटर सतर नौ माटी में—
यहाँ करूँगा वास अकेले मधुकर-गुंजित घाटी में
-विलियम बटलर येट्स की कविता से (हरिवंश राय बच्चन द्वारा अनूदित)

प्रथम खंड : पूर्वकथन

समकालीन कविता में पर्यावरण संचेतना

(उनसठ कवियों की पर्यावरणीय कविताओं पर आधारित)

समकालीन कविता में पर्यावरण संचेतना

रक्त का संचार है पर्यावरण
साँस की रफ़्तार है पर्यावरण

मन खिले, आँगन खिले, उपवन खिले
प्रकृति का श्रृंगार है पर्यावरण

फूल, फल या छाँव की ख़्वाहिश तो फिर
समृद्धि का भी द्वार है पर्यावरण

जन्म से लेकर मरण तक साथ दे
ज़िंदगी का सार है पर्यावरण

उन परिंदों के लिए भी सोचिए
उनकी भी दरकार है पर्यावरण

पेड़ रोता है कुल्हाड़ा देखकर
किस क़दर लाचार है पर्यावरण

कम से कम गमले में ही पौधे लगा लें
क्योंकि ये आधार है पर्यावरण

-डी एम मिश्र/ग़ज़ल

जितनी पुरानी प्रकृति है, उतनी ही पुरानी कविता। लेकिन रोमांटिक और छायावादी कवियों ने जिस तरह प्रकृति का चित्रण अपनी कविताओं में किया है, समकालीन कवि उस तरह से नहीं करते, वे अब आनंदवादी नहीं रहे। उनके सामने नई क़िस्म की चुनौतियाँ हैं। चुनौती है प्रकृति को बचाने की। प्रकृति शब्द अब 'पर्यावरण' से प्रतिस्थापित हो गया है। वह हमारे जीवन की हर परिघटना को प्रभावित करता है या कहें, पर्यावरण मानव जीवन का आधार है। इसका हमारे अस्तित्व से गहरा संबंध है क्योंकि प्रकृति ही हमें जीवित रखती है। पर्यावरण इस अर्थ में केवल वायुमंडल, जल, वनस्पति और जीव-जंतुओं का समूह नहीं है; यह मानव सभ्यता के विकास और उसकी सांस्कृतिक विरासत का अभिन्न हिस्सा भी है। जनजीवन में पर्यावरण के महत्व को हम केवल पढ़ने-लिखने और भाषण देने तक सीमित नहीं कर सकते। यह हमें साँस लेने के लिए स्वच्छ वायु, पीने के लिए जल, खेती के लिए उपजाऊ भूमि और रहने के लिए एक सुरक्षित जगह प्रदान करता है। किंतु आधुनिक समय में औद्योगिकीकरण, शहरीकरण और भौतिक प्रगति की अंधी दौड़ में मनुष्य ने पर्यावरण के साथ अपना सामंजस्य खो दिया है। इसका परिणाम प्राकृतिक आपदाओं, जलवायु परिवर्तन और संसाधनों की कमी के रूप में सामने आ रहा है।

विकास और पर्यावरण के बीच के जटिल संबंधों को समझने के लिए हमें हिब्रू के चिंतक युवाल नोहा हरारी के दृष्टिकोण को भी समझना चाहिए जिन्होंने अपनी पुस्तकों 'सैपियन्स', 'होमो डेयस' और '21 लेसंस फ़ॉर द 21वीं सदी' में मानव सभ्यता, उसके विकास और पर्यावरणीय असंतुलन पर गहरी दृष्टि डाली है। इतिहासकार चिंतक हरारी हमें बताते हैं कि मानव इतिहास केवल प्रगति और उपलब्धियों की गाथा नहीं है। यह कहानी प्राकृतिक संसाधनों के असीमित दोहन और पर्यावरणीय विनाश की भी है। मनुष्य, जिसने अपने विकास के क्रम में कृषि क्रांति से लेकर औद्योगिक क्रांति और अंततः तकनीकी युग तक का सफ़र तय किया है, वह अपने आसपास की प्रकृति को उपयोगितावादी दृष्टिकोण से देखता है और उसे अपने लाभ के लिए पूरी तरह से इस्तेमाल करने की कोशिश भी करता है। यह सोच हज़ारों वर्षों से विकसित होती चली आई है।

हरारी का मानना है कि कृषि क्रांति ने मानव जाति को एक स्थिर जीवन तो दिया, लेकिन इसके साथ ही यह धरती के संसाधनों के अत्यधिक दोहन की

शुरुआत भी थी। मनुष्य ने तब से यह भी सोचना शुरू कर दिया कि प्रकृति केवल उसकी सेवा के लिए है। जंगल काटे गए, नदियों की धाराओं को मोड़ा गया और पशु केवल खाद्य या श्रमशक्ति के साधन बनकर रह गए। इसी समय से मानव और पर्यावरण के बीच सामंजस्य बिगड़ने लगा।

औद्योगिक क्रांति ने इस असंतुलन को और गहरा किया। मशीनों और फ़ैक्ट्रियों के आगमन ने उत्पादन क्षमता को तो बढ़ाया, लेकिन इसके साथ ही प्रदूषण, वनों की कटाई और जैव विविधता का विनाश भी हुआ। हरारी ने इस तथ्य की ओर भी ध्यान आकर्षित किया है कि जब मनुष्य ने विज्ञान और प्रौद्योगिकी को अपने जीवन में शामिल किया तो उसने यह समझना बंद कर दिया कि उसकी गतिविधियों का पर्यावरण पर क्या असर हो सकता है।

हरारी के अनुसार वर्तमान समय में सबसे बड़ी चुनौती जलवायु परिवर्तन है। उन्होंने अपनी पुस्तकों में बताया है कि यह केवल एक पर्यावरणीय समस्या नहीं है, बल्कि यह सामाजिक, राजनीतिक और आर्थिक संरचनाओं को भी गहराई से प्रभावित करती है। ग्लोबल वॉर्मिंग, समुद्र के जल-स्तर का बढ़ना, प्राकृतिक आपदाओं की बढ़ती आवृत्ति और खाद्य उत्पादन पर इसका प्रभाव—ये सभी संकेत हैं कि मनुष्य ने अपनी विकास की यात्रा में प्रकृति के साथ सामंजस्य बनाने की आवश्यकता को पूरी तरह अनदेखा किया है।

हरारी यह भी बताते हैं कि आधुनिक मनुष्य, जिसे वह 'होमो सेपियंस' कहते हैं, अपनी सुविधा और लालच के लिए प्राकृतिक संतुलन को बिगाड़ता चला गया है। हम विकास की दौड़ में इतना अंधे हो गए हैं कि हमने इस धरती पर अन्य प्रजातियों के अस्तित्व के अधिकार को भी नकार दिया है। यह हमारी 'एंथ्रोपोसीन युग' की सबसे बड़ी विडंबना है। हालाँकि, हरारी केवल समस्या की बात नहीं करते, वे समाधान के बारे में भी सोचते हैं। उनका मानना है कि मनुष्य के पास आज इतना ज्ञान और तकनीक है कि वह इन समस्याओं का समाधान कर सकता है। लेकिन इसके लिए हमें अपने दृष्टिकोण को बदलने की आवश्यकता है। हमें अपने लालच को सीमित करना होगा, स्थाई विकास को अपनाना होगा और यह समझना होगा कि प्रकृति केवल हमारा संसाधन नहीं है, हमारा सह-अस्तित्व भी है। हरारी के दृष्टिकोण से सीखते हुए हमें यह समझना होगा कि स्थाई विकास केवल नीतियों का प्रश्न नहीं है, यह हमारी मानसिकता, हमारी संस्कृति और हमारे

व्यक्तिगत कार्यों का भी सवाल है। हमें अपनी जीवनशैली में ऐसे बदलाव लाने होंगे, जो पर्यावरण के प्रति संवेदनशील हों। यह बदलाव केवल सरकारों और संगठनों के स्तर पर नहीं हो सकता। हर व्यक्ति को अपनी भूमिका निभानी होगी।

अंतत: हरारी का संदेश हमें यह सिखाता है कि अगर हमने अभी भी चेतना नहीं दिखाई तो यह पृथ्वी हमें हमेशा के लिए खो देगी। मनुष्य भले ही तकनीकी रूप से उन्नत हो जाए, लेकिन अगर वह पर्यावरण के साथ अपने संबंध को सुधारने में विफल रहता है तो उसकी उन्नति उसे विनाश की ओर ले जाएगी।

इस प्रकार हरारी के विचार पर्यावरण पर बहुत प्रासंगिक और महत्वपूर्ण हैं, क्योंकि हमारी पृथ्वी की रक्षा केवल एक ज़िम्मेदारी नहीं है; हमारा नैतिक दायित्व भी है। यह धरती केवल हमारी नहीं, वरन् उन अगली पीढ़ियों की भी है जो अभी इस दुनिया में नहीं आई हैं।

यह व्यक्त करना यहाँ सुखद है कि समकालीन हिंदी कविता ने इन पर्यावरणीय चिंताओं को अपनी अभिव्यक्ति का कथ्य और अंतर्वस्तु बनाया है। हिंदी कवियों ने पर्यावरण और जनजीवन के गहरे अंतर्संबंध को गंभीरता से समझा और उसे अपने दृष्टिपथ में रखते हुए अपनी कविताओं में यथास्थान दिया। अगर धूमिल के शब्दों में कहें तो 'कविता भाषा में आदमी होने की तमीज़ है' तो इस तमीज़ में अब पर्यावरण की दुर्दशा और मानव के विनाशकारी हस्तक्षेप का अक्स नज़र आता है। पर्यावरणीय विषयों को लेकर रची गई समकालीन हिंदी कविता केवल उसके संकट का एकालाप नहीं करती, यह पूरे कलात्मक सौष्ठव और शिल्प के साथ उसके समाधान के लिए उद्वेलित भी करती है। यह पाठकों को अप्रत्यक्ष रूप से चेतावनी देती है और उसे पर्यावरण को बचाए रखने के लिए सजग भी करती है।

गो कि, हिंदी कविता में पर्यावरण को एक चरित्रगत अभिलक्षण के रूप में आने की ज़रूरत है, जिससे पाठक का भावनात्मक लगाव हो सके, हालाँकि कुछ कवियों ने भाषा और संवेदना के स्तर पर इस दिशा में सराहनीय काम किया है। उनकी कृतियों से हमें यह उद्दीपन मिलता है कि मानव और प्रकृति के बीच का संबंध केवल उपयोगितावादी नहीं हो सकता। यह सह-अस्तित्व और समादर का भी संबंध है। हिंदी साहित्यकारों ने पर्यावरणीय मुद्दों को अपनी कविताओं, ग़ज़लों, कहानियों और उपन्यासों में गहनता से चित्रित करने का यत्न किया है। उनकी रचनाएँ इस बात की ओर इशारा करती हैं कि यदि मनुष्य ने अपनी प्राथमिकताओं

को पुनः नए सिरे से परिभाषित नहीं किया तो उसका अस्तित्व ही संकट में पड़ सकता है।

ज़ाहिर है कि समकालीन हिंदी कविता ने पर्यावरण को न केवल एक भौतिक इकाई के रूप में देखा है, बल्कि सांस्कृतिक दृष्टि से भी इसके महत्व का आकलन किया है। समकालीन काव्य में यह दृष्टिकोण उभरकर सामने आया है कि प्रकृति केवल हमारे उपयोग और दोहन की सामग्री नहीं है, वह तो हमारे जीवन के अभिन्न अंग के रूप में आदरणीय और माननीय है। यह दृष्टिकोण प्राचीन भारतीय परंपरा और दर्शन से संपृक्त है, जो प्रकृति को माँ के रूप में देखता है। समकालीन साहित्य इस परंपरा को आधुनिक संदर्भ में पुनः स्थापित करता है और पाठकों में यह संदेश प्रज्ञापित करता है कि पर्यावरण के प्रति हमारा व्यवहार न केवल हमारी वर्तमान पीढ़ी, बल्कि आने वाली पीढ़ियों के भविष्य को भी प्रभावित करेगा। पर्यावरण के प्रति कवियों की इस दृष्टि ने समाज को जागरूक किया है। साहित्य की यह विधा केवल पर्यावरणीय संकटों की चर्चा तक सीमित नहीं रही, यह मनुष्य के अस्तित्व और पर्यावरण के पारस्परिक संबंध की पुनर्व्याख्या भी करती नज़र आती है। इस विधा ने यह दिखाया है कि पर्यावरण संरक्षण केवल सरकारों और संगठनों की ज़िम्मेदारी नहीं है, बल्कि प्रत्येक व्यक्ति को इसमें योगदान देना चाहिए। इसने मानवीय संवेदनाओं को प्रकंपित करते हुए पाठकों को पर्यावरण संरक्षण के लिए प्रेरित किया है।

आज जब पर्यावरणीय संकट एक वैश्विक समस्या बन चुका है, तब समकालीन हिंदी कविता ने इन मुद्दों को प्रमुखता से उठाया है। कवियों ने अपनी रचनाओं में यह भी दिखाया है कि प्रकृति के साथ हमारा सामंजस्य ही मानवता की सच्ची प्रगति का मार्ग है। उन्होंने पर्यावरणीय मुद्दों को सामाजिक, आर्थिक और सांस्कृतिक संदर्भों में प्रस्तुत किया है ताकि पाठक इसे अपनी व्यक्तिगत और सामूहिक ज़िम्मेदारी के रूप में समझें।

इस प्रकार समकालीन हिंदी साहित्य और पर्यावरण के बीच का अंतर्संबंध न केवल विषयगत स्तर पर महत्वपूर्ण है, बल्कि यह समाज को नई दिशा देने का कार्य भी करता है। कविता में इस बात पर ज़ोर दिया गया है कि प्रकृति का संरक्षण ही हमारी संस्कृति, समाज और सभ्यता का संरक्षण है। पर्यावरण की रक्षा के बिना मानव का भविष्य अंधकारमय है। उनकी कविताएँ हमें यह सोचने पर विवश करती

हैं कि हम अपने पर्यावरण के साथ किस प्रकार का व्यवहार कर रहे हैं और हमें इसे कैसे बेहतर बनाना चाहिए, जैसा कि आलोचक जे. परिनी ने 'पोएम्स फ़ॉर ए स्मॉल प्लैनेट' में कहा, 'प्रकृति अब समकालीन कवियों का रोमांटिक ग्रामीण आश्रय नहीं है।' कवियों के लिए अब यह एक उद्दीपन और आंदोलन है, अस्तित्व का प्रश्न है, जीवन को बचाने की जद्दोजहद है—यानी जीवन-मरण का प्रश्न है। आज यह जितनी बड़ी सामाजिक चुनौती है, उतना ही बड़ा राजनीतिक प्रश्न भी। यह प्रकृति की कविता से अलग है। गो कि, आज की कविता मनुष्य और प्रकृति के बीच जटिल संबंधों की पड़ताल करती है जो अक्सर उन कवियों द्वारा लिखी जाती हैं जो प्राकृतिक दुनिया पर हमारे प्रभावों को लेकर विशेष रूप से चिंतित हैं। आधुनिक समय में साहित्य में प्रकृति सौंदर्य की अपेक्षा उसकी शक्ति और उसके संरक्षण की आवश्यकता पर बल दिया गया है। इस दृष्टि से समकालीन साहित्य का पर्यावरणीय चेतना से व्यापक संबंध है। विश्व में घटित हो रहे पर्यावरणीय संकट की घटनाएँ कविता की अंतर्वस्तु का अनिवार्य पक्ष बनता दिख रहा है।

आज़ादी के बाद औद्योगिकीकरण और महानगरीय संस्कार के विकास से मनुष्य ख़ुद प्रकृति से अलग होता जा रहा है। इस कारण समकालीन कवियों ने मानव और प्रकृति के बीच की बढ़ रही खाई को गहराई से चित्रित करने का यत्न किया है और प्रकृति के प्रति चिंता व्यक्त की है। इस दृष्टि से समकालीन कविता में पर्यावरण-विशेष को प्रमुखता से स्थान दिया गया है। अधिकांश समकालीन कवियों ने पर्यावरण के विभिन्न पहलुओं पर अपनी क़लम उठाई है।

बढ़ते प्रदूषण और कचरों से हमारी नदियाँ ज़हरीली हो गई हैं। नदियाँ ही क्यों, घरों में कुओं का भी अस्तित्व मिटता जा रहा है। वनों की अंधाधुंध कटाई हो रही है। इससे हमारा पर्यावरण बुरी तरह प्रभावित हो रहा है। दिल्ली जैसे शहरों में मनुष्य को साँस लेने के लिए अब शुद्ध हवा भी मयस्सर नहीं हो पा रही है। विकास और आधुनिकता की अंधी दौड़ ने हमारे रहने की जगह पर वनस्पतियों को समाप्तप्राय कर दिया है। आवासित जगहों पर वृक्षों को जीवित रहने के लिए हम आवश्यक वातावरण निर्मित नहीं कर पा रहे हैं, यानी कि हमारा हरा-भरा परिवेश प्रदूषित हो रहा है।

ग्लोबल वार्मिंग और जलवायु परिवर्तन के ख़तरे बहुत अधिक बढ़ गए हैं। हिमालय में ग्लेशियरों के पिघलने के ख़तरे भी काफ़ी बढ़ चुके हैं। यह एक बड़े

ख़तरे की घंटी है। पिछले 40 वर्षों की अवधि में देखा गया है कि इस क्षेत्र के तापमान में एक डिग्री सेल्सियस की वृद्धि हुई है। ग्लेशियरों का तेज़ी से पिघलना अत्यंत चिंताजनक है। कोलंबिया यूनिवर्सिटी के वैज्ञानिक इस्कॉर्पर ने यहाँ तक कहा है कि भीषण गर्मी और हिमालय से घटते जल-प्रवाह की वजह से एशिया एक बड़ी विपदा की स्थिति का सामना कर सकता है।

इसी प्रकार ग्लोबल वार्मिंग के कारण दुनिया हर पल, हर दिन, हर महीने और हर साल बदल रही है। इसे देखते हुए वर्ष 2050 तक यह कितनी बदल जाएगी, इसकी कल्पना करना अब उतना भी मुश्किल नहीं है। एक शोध के अनुसार, *'सन 2050 तक ग्लोबल वार्मिंग के कारण जीव-जंतु और पेड़-पौधों की 40% जातियाँ नष्ट हो सकती हैं। वे अपने मूल स्थान से स्थानांतरित हो सकती हैं और इस प्रकार उनका अक्षांशीय वितरण प्रभावित हो सकता है।'* ऐसा अनुमान है कि यदि 21वीं सदी में 2.5 डिग्री सेल्सियस तापमान में वृद्धि हुई, तो उष्णकटिबंधीय प्रदेशों में पाई जाने वाली वनस्पतियाँ 250 से 500 किलोमीटर तक ध्रुवीय प्रदेशों की ओर खिसक सकती हैं। यही नहीं, जब तक वनस्पतियाँ बढ़े हुए तापमान के अनुभव में अपने को ढाल नहीं पाएँगी, तब तक बड़ी संख्या में वनस्पतियाँ नष्ट हो चुकी होंगी और उनका स्थान घास-फूस और कटीली झाड़ियाँ ले चुकी होंगी। इसके साथ-साथ बहुत-सी प्रजातियाँ उतनी ही गति से स्थानांतरित नहीं हो पाएँगी, जितनी तेज़ी से तापमान में वृद्धि हो रही है। यही नहीं, ग्लोबल वार्मिंग से ही वायु प्रदूषण लगातार बढ़ रहा है। वाहनों और उद्योगों के उत्सर्जन से शहर बुरी तरह प्रभावित हो रहे हैं।

बेंगलुरु, एनसीआर के बागपत, गुरुग्राम, ग़ाज़ियाबाद, नोएडा, ग्रेटर नोएडा इत्यादि भी वायु प्रदूषण से बुरी तरह प्रभावित हो रहे हैं। ग्लोबल वार्मिंग के प्रभाव में पौधों में विभिन्न प्रकार की बीमारियाँ फैल रही हैं। इन्हें दूर करने के लिए कीटनाशकों का अधिक प्रयोग किया जा रहा है। इन सब परिस्थितियों के चलते खाद्यान्न का उत्पादन घट रहा है।

इसी प्रकार कोयले के ईंधन के रूप में घरेलू और औद्योगिक उपयोग के कारण बड़ी मात्रा में कार्बन डाइऑक्साइड गैस वायुमंडल में एकत्रित हो रही है। साथ ही कुछ ऐसे उद्योग हैं जो अत्यधिक मात्रा में नाइट्रोजन ऑक्साइड और सल्फ़र डाइऑक्साइड गैस वायु में उत्सर्जित करते हैं। औद्योगिक कचरे के रूप में सीसा, जस्ता, पारा, साइनाइड, औद्योगिक राख और अन्य ज़हरीले पदार्थ वायुमंडल

और भूमि में मिलते हैं। मानव निर्मित रसायन क्लोरोफ़्लोरो कार्बन की भी ग्लोबल पर्यावरण की बिगड़ने में महत्वपूर्ण भूमिका है, क्योंकि इसका उपयोग रेफ्रिजरेटर उद्योग में किया जाता है। किंतु जब इसे तोड़ा जाता है तो यह सीधे वातावरण में प्रवेश कर जाता है और पर्यावरण को प्रदूषित करता है।

वायुमंडल में ओजोन परत का क्षतिग्रस्त होना और रसायनिकों के प्रयोग से घट रही मिट्टी की उर्वरा शक्ति एक अन्य गंभीर समस्या है।

जंगलों में की जा रही अगलगी और जंगलों की कटाई आज के युग में पर्यावरण का बहुत अहम और बड़ा मुद्दा है। जंगलों में लगने वाली आग से पर्यावरण ही प्रदूषित नहीं हो रहा है, बल्कि हरीतिमा भी नष्ट हो रही है। दुनिया में जितनी कार्बन डाइऑक्साइड निकलती है, उसका 20% हिस्सा यह जंगल ही सोखता है। जंगल के नष्ट होने के कारण जंगलों की जड़ी-बूटियाँ भी नष्ट हो रही हैं और जीव-जंतु भी समाप्तप्राय हो रहे हैं।

एक अध्ययन के अनुसार जलवायु परिवर्तन के कारण प्रदूषण से आज तक जीव-जंतुओं की सौ से अधिक प्रजातियाँ विलुप्त हो चुकी हैं। यह विषय बहुत गंभीर और विराट है। बढ़ता कचरा भी पर्यावरण के लिए बड़ी समस्या है। देश में प्रतिदिन 1.48 लाख टन कचरा पैदा हो रहा है। इसी प्रकार भारत सहित विश्व की सभी नदियों में घातक रसायनिक पदार्थ फेंके जा रहे हैं। इसका असर गर्भवती महिलाओं से लेकर नवजात बच्चों पर भी पड़ रहा है। भारतीय संस्कृति में पवित्र मानी जाने वाली नदियाँ गंगा और यमुना की स्थिति भी काफ़ी बदतर है।

भारत सहित विश्व के अन्य देशों में गहराता जल संकट भी एक प्रमुख वैश्विक पर्यावरण का मुद्दा है। पेयजल लगातार घटता जा रहा है, जो मनुष्य के जीवन की एक अपरिहार्य आवश्यकता है। भूगर्भ जलस्तर का अधिकाधिक और अविवेकपूर्ण दोहन, अपव्यय और संरक्षणहीनता के कारण ख़तरनाक रूप से घट रहा है। कहा जा सकता है कि समूचा विश्व ही गंभीर जलसंकट से जूझ रहा है। भारत भी इससे अछूता नहीं है। न्यूक्लियर ऊर्जा के इस्तेमाल से रेडियो सक्रिय अपशिष्ट पदार्थ मिट्टी में जमा हो रहे हैं। यह अत्यंत ही ख़तरनाक है। इनके विकिरण से कई जानलेवा बीमारियाँ उत्पन्न होती हैं।

अपने देश के परिप्रेक्ष्य में पर्यावरणीय समस्याओं में विभिन्न प्राकृतिक ख़तरे विशेष रूप से चक्रवात, मानसून बाढ़, जनसंख्या वृद्धि, बढ़ती हुई व्यक्तिगत खपत,

औद्योगिकरण इत्यादि भी मौसम को किसी-न-किसी तरह से प्रभावित कर रहे हैं।

अप्रत्याशित मौसम में परिवर्तन से धरती पर विपरीत प्रभाव पड़ता है। प्रकृति का नियामक उपकरण भी विफल हो गया है। समय से पहले आम में मंज़र आना, गर्मी में बरसात होना, राजस्थान जैसे शुष्क और कम वर्षा वाले क्षेत्र में बाढ़ का आना, पंजाब और हरियाणा में, जहाँ कम बारिश होती थी, वहाँ अतिवृष्टि का प्रकोप होना, बर्फ़ीली पहाड़ियों पर कम बर्फ़ पड़ना, लेह में असमय बादल फटना इत्यादि प्राकृतिक पारिस्थितिकी असंतुलन को पूरी तरह इंगित करता है।

ऐसा अनुमान है कि इक्कीसवीं शताब्दी के अंत तक भारत में वायुमंडल का औसत तापमान 4 डिग्री सेल्सियस तक बढ़ जाएगा। उत्तरी और पश्चिमी भाग में यह परिवर्तन अधिक होगा। गंगा नदी की घाटी के पश्चिमी भाग में वर्षा ऋतु की लंबाई में कमी होगी। दूसरी ओर, गोदावरी और कृष्णा नदी की घाटियों में वर्षा ऋतु की अवधि बढ़ जाएगी। इसका परिणाम यह होगा कि देश के कुछ भाग में सूखे का प्रकोप बढ़ेगा तो दूसरे क्षेत्र में बाढ़ की समस्या उत्पन्न हो सकती है। मनुष्यों के साथ-साथ पशु-पक्षी भी ग्लोबल वार्मिंग से अछूते नहीं रहेंगे। पशु-पक्षियों का जीवन-चक्र बदल जाएगा। समय रहते अगर हम इन चुनौतियों पर क़ाबू नहीं कर पाते हैं तो पूरी मानव जाति के साथ-साथ पर्यावरण का अस्तित्व भी ख़तरे में पड़ जाएगा। अत: हमें समय रहते इस पर एक कार्यनीति बनानी होगी।

इसी प्रकार प्राकृतिक आपदाएँ अचानक आती हैं जो बड़े नुक़सान का कारण बनती हैं। इसमें प्राकृतिक चीजों के नुक़सान के साथ ही जान-माल का भी काफ़ी नुक़सान होता है। अक्सर यह घटनाएँ भूकंप, ज्वालामुखी, विस्फोट, बाढ़, लैंडस्लाइड, तूफ़ान आदि के कारण होती हैं। लॉस एंजेलिस, कैलिफ़ोर्निया में हाल ही में हुई विनाशकारी आग ने शहर के पर्यावरण और सामाजिक ढाँचे पर गहरा प्रभाव डाला है। जनवरी 2025 में, पालिसेड्स, ईटन, हर्स्ट, लिडिया और सनसेट जैसी आग ने रिकॉर्ड स्तर पर विनाश किया, जिसमें हज़ारों एकड़ भूमि जलकर राख हो गई और सैकड़ों संरचनाएँ नष्ट हो गईं। इन आग की घटनाओं के पीछे कई कारक हो सकते हैं। दक्षिणी कैलिफ़ोर्निया की शुष्क जलवायु, विशेष रूप से सर्दियों में आग के प्रसार में सहायक होती हैं। सेंटा एना हवाएँ जो गर्म और शुष्क होती हैं, आग को तेज़ी से फैलाने में महत्वपूर्ण भूमिका निभाती हैं। इसके अतिरिक्त, जलवायु परिवर्तन के कारण तापमान में वृद्धि और वर्षा के पैटर्न में बदलाव से

वनस्पति अधिक सूखी हो जाती है जो आग के लिए ईंधन का काम करती है।

वैज्ञानिकों ने 'हाइड्रोक्लाइमेट व्हिपलैश' की अवधारणा पर भी ध्यान केंद्रित किया है, जहाँ अत्यधिक गीले मौसम के बाद अत्यधिक शुष्क मौसम आता है, जिससे वनस्पति तेज़ी से बढ़ती है और फिर सूखकर आग के जोखिम को बढ़ाती है। शहरी विस्तार और उच्च जोखिम वाले क्षेत्रों में आवास निर्माण ने भी आग के प्रभाव को बढ़ाया है, क्योंकि यहाँ अधिक लोग और संपत्तियाँ आग की चपेट में आ जाते हैं।

इन आग की घटनाओं ने न केवल पर्यावरणीय क्षति पहुँचाई है, बल्कि सामाजिक और आर्थिक स्तर पर भी गंभीर प्रभाव डाला है। हज़ारों लोगों को अपने घरों से विस्थापित होना पड़ा और बुनियादी ढाँचे को भारी नुक़सान पहुँचा। आग बुझाने के प्रयासों में निधि की कमी और राजनीतिक निर्णयों की आलोचना भी सामने आई है, जो आग से निपटने की तैयारियों में बाधा डालता है।

आग की बढ़ती घटनाओं से निपटने के लिए, यह आवश्यक है कि जलवायु परिवर्तन के प्रभावों को गंभीरता से लिया जाए और शहरी विकास की योजनाओं में पर्यावरणीय जोखिमों को ध्यान में रखा जाए। साथ ही अग्निशमन विभागों को पर्याप्त संसाधन और प्रशिक्षण प्रदान करना चाहिए, ताकि वे आपदाओं का प्रभावी ढंग से सामना कर सकें। सामुदायिक जागरूकता और तैयारी भी महत्वपूर्ण है, ताकि आपात स्थितियों में जनहानि को कम किया जा सके।

देश के सागर तटों पर सैलानियों के द्वारा कचरा फेंका जा रहा है। सागर का जल प्रदूषित हो रहा है। प्रदूषण जल के कारण ही 'दमन' तट की मछलियाँ ज़हरीली हो गई हैं। अत: हमने ऊपर थोड़े में पर्यावरण की समस्याओं और प्राकृतिक आपदाओं की चर्चा की है जिसके लिए हम स्वयं दोषी हैं।

यहाँ हम पर्यावरण का केवल साहित्य के साथ अंतरसंबंध पर चर्चा करेंगे। साहित्य और पर्यावरण का चोली दामन का साथ है। पर्यावरण का निर्माण ही प्रकृति से होता है और साहित्य की उत्पत्ति इस प्रकृति और उसके आसपास के वातावरण से। बिना प्रकृति और पर्यावरण के साहित्य सृजन भी संभव नहीं है। साहित्य की उत्पत्ति मानव के द्वारा की जाती है। पर्यावरण प्रकृति से बना है। मनुष्य और प्रकृति दोनों आरंभ से ही मौजूद हैं।

प्रकृति और पर्यावरण के साथ का भारतीय संदर्भ अत्यंत प्राचीन है, हालाँकि

पर्यावरण विमर्श एक आधुनिक विमर्श है, फिर भी प्राकृतिक संतुलन और प्रकृति की उपयोगिता के संबंध में हमारे यहाँ वेदों में भी चर्चा मिलती है। वेदों में कहा गया है कि मनुष्य शरीर पृथ्वी, जल, अंतरिक्ष, अग्नि और वायु जैसे पाँच तत्वों से निर्मित है। यदि इनमें से एक भी तत्व दूषित होता है तो इसका प्रभाव मानव जीवन पर अवश्य पड़ेगा। यही कारण है कि प्राचीन काल से ही हमारे पूर्वजों ने प्रकृति को देवी-देवताओं के रूप में स्थान दिया है। सूर्य, चंद्रमा, अग्नि, वायु व नदियों को देवी-देवताओं के रूप में पूजा जाता था। जड़ी-बूटियों और वनस्पतियों को औषधि के रूप में प्रयुक्त किया जाता था। पेड़ों जैसे पीपल, वटवृक्ष व केला को आज भी पूजा जाता है। पेड़ों को लगाना पुत्र प्राप्ति के समान माना गया है।

अयं निज: परो वेति गणना लघुचेतसाम्।
उदारचरितानां तु वसुधैव कुटुम्बकम्॥

यह श्लोक महोपनिषद के अध्याय 4, श्लोक 71 में है जिससे सभी परिचित हैं। लेकिन यह कहना आज आसान नहीं रहा कि उदार हृदय वाले लोगों के लिए पूरी धरती ही परिवार है। इस वेदवाक्य से हम यह समझ सकते हैं कि सबको साथ लेकर चलने का दर्शन बहुत प्राचीन है और जब धरती की बात आती है तो उसमें पर्यावरण स्वमेव शामिल हो जाता है। व्यापक अर्थ में देखें तो यह सभी देशों के परस्पर जुड़ाव और एक साथ मिलकर काम करने की ज़रूरत पर ज़ोर देता है, जिसकी आज महती ज़रूरत आन पड़ी है। उसी प्रकार 'माता भूमिः पुत्रोऽहं पृथिव्याः' अर्थात 'पृथ्वी हमारी माता है और हम इसके पुत्र हैं'। भूमि के प्रति पग-पग पर कृतज्ञता व्यक्त की गई है। आगे देखिए—

समुद्रवसने देवी पर्वतस्तनमण्डले।
विष्णुपत्नी नमस्तुभ्यं पादस्पर्शं क्षमस्व मे॥
(स्कंद पुराण)

अर्थात : समुद्र आपका वस्त्र है, पर्वत आपके स्तन हैं। हे पृथ्वी माता, जो भगवान विष्णु की पत्नी हैं, मैं आपको प्रणाम करता हूँ। कृपया मेरे पाँवों के स्पर्श को क्षमा करें।

ओषधयः शान्ति वन्तरिक्षं शान्ति
रापः शान्ति रोषधयः शान्तिः।
(अथर्ववेद 19.9.14)

अर्थात : औषधियाँ शांति प्रदान करें, आकाश शांति प्रदान करे, जल शांति प्रदान करे और वनस्पतियाँ शांति प्रदान करें।

वनस्पतये शं योषधीभ्य:।

(ऋग्वेद 10.97.4)

अर्थात : पेड़ों और औषधियों के लिए शुभकामनाएँ और शांति की कामना है।

आप: सृजन्तु स्निग्धानि चिक्लीत वस मे गृहे।

नि च देहि पय: शुभे।

(ऋग्वेद 10.9.1)

अर्थात : हे जल! मुझे स्निग्धता (स्नेह और शीतलता) प्रदान करो। मेरे घर में मधुरता और समृद्धि लाओ। शुद्ध जल हमें प्रदान करो।

द्यौ: शान्तिरन्तरिक्षं शान्ति पृथ्वी शान्तिराप: शान्तिरोषधय: शान्ति:।

(यजुर्वेद 36.17)

अर्थात : आकाश में शांति हो, अंतरिक्ष में शांति हो, पृथ्वी पर शांति हो, जल में शांति हो, औषधियों और वनस्पतियों में शांति हो।

ये सूक्तियाँ प्रकृति के विभिन्न तत्वों की शांति और संतुलन के महत्व को दर्शाती हैं और हमें पर्यावरण के प्रति संवेदनशील बनने का संदेश देती हैं। परंतु समय परिवर्तन के साथ-साथ सब कुछ परिवर्तित होता गया। हम सब आधुनिकता के पथ पर अग्रसर हो गए। पूर्वजों की ओर से बताए गए मूल्य और संस्कार हमें अंधविश्वास लगने लगे। हम विकास और तकनीक पर गर्व करने लगे।

आदिकालीन काव्य में प्रकृति का चित्रण काफ़ी है, लेकिन इस काल के कवियों में प्रकृति के प्रति रागात्मक भाव का अभाव था। आदिकालीन काव्य में प्रकृति का अंकन आलंबन के रूप में कम रहा। हालाँकि इस काल के कवियों में प्रकृति के विभिन्न रूपों को मनुष्य जीवन के साथ चित्रित करने की क्षमता थी। आदिकालीन कवि विद्यापति की रचित पदावली प्रकृति वर्णन की दृष्टि से अद्वितीय है। विजय सेन सूरी, नरपति नाल्ह, चंदबरदायी जैसे कवियों को दृश्य विधान में ज़्यादा रुचि रही। ये कवि वीरता, चरित्र गान करते समय परिवेश, वातावरण, प्राकृतिक उपादानों का इस्तेमाल करते थे। इसका कारण यह है कि उस समय प्राकृतिक असंतुलन की समस्या नहीं थी। लेखक और कवि प्रकृति को देखकर प्रमुदित हो उठते थे।

भक्ति काल में पर्यावरण

भक्ति काल में भी प्रकृति और साहित्य के साहचर्य पर अनेक कवियों ने अपनी वाणी को शब्द दिए हैं। इस काल के कवि तुलसीदास जी की यह पंक्तियाँ प्रकृति के एक प्रसंग को इस प्रकार वर्णित करती हैं :

बूँद आघात सहहिं गिरि कैसे
खल के वचन संत सहे जैसे।

भूमि बसुंधरा बिनु जल जोगू
जीवहि न पावहि हरि संयोगू।
(रामचरितमानस)

अर्थात : पृथ्वी और जल के बिना जीवन संभव नहीं है और इनके बिना योग या संगति प्राप्त करना भी असंभव है। तुलसीदास ने पृथ्वी और जल को जीवन का आधार बताया और इनके संरक्षण पर ज़ोर दिया। उन्होंने रामचरितमानस में सीता और लक्ष्मण को वृक्षारोपण करते हुए दिखाया है।

कहने का तात्पर्य यह है कि साहित्य और पर्यावरण का अंत:संबंध आदिकाल से ही रहा है। साहित्य पर्यावरण की छोटी से छोटी गतिविधियों को स्वयं में समाहित किए हुए है। वैदिक साहित्य से लेकर आधुनिक साहित्य तक पर्यावरण उसका अभिन्न अंग रहा है। यह हमारे चारों ओर का परिवेश ही है जो कवि को प्रभावित करता है और हमारे कार्यों के प्रारूप को अत्यंत संवेदना के साथ आत्मसात करता है। भक्तिकाल के कवियों ने अपनी रचनाओं में जो प्रकृति का वर्णन किया है, उससे पर्यावरण के प्रति उनकी चेतना का सहज ही पता चलता है।

कबीर के काव्य में पशु-पक्षियों, पेड़-पौधों और जीव-जंतुओं का वर्णन है। कबीर की रचनाओं में पर्यावरणीय चेतना दिखती है :

पवन गुरु, पानी पिता, माता धरति महत।
दिवस रात्रि दुइ दायी दया, खेलै सकल जगत।

अर्थात : हवा हमारी गुरु हैं, जल हमारे पिता हैं और पृथ्वी हमारी महान माता है। दिन और रात हमारी पालनहार दाइयाँ हैं, जो इस संपूर्ण जगत को जीवित रखती

हैं। कबीर ने पर्यावरण के मूल तत्वों—हवा, पानी और पृथ्वी के महत्व को दर्शाते हुए उन्हें पवित्र बताया है।

मीराबाई :

हरि भजो रे, जल थल हरि सब ठौर।

वृक्ष में हरि, झरने में हरि, हरि रूप अनंत अपार।

अर्थात : हरि (ईश्वर) जल, थल, वृक्ष और झरनों में व्याप्त हैं। उनका रूप अनंत और अपार है। मीराबाई ने पर्यावरण के प्रत्येक तत्व को ईश्वर का रूप मानते हुए उसकी महिमा गाई है।

सूरदास :

सुमन सरोवर सुखद बन, कोकिल बोलत मीठ।

भ्रमर गुंजारत फूलनि ऊपर, देखि रह्यौ सुरभीत।

अर्थात : झील के किनारे सुंदर फूल खिले हैं, कोयल मधुर स्वर में गा रही है। भौंरे फूलों पर गूँज रहे हैं, यह सब देखकर मन आनंदित हो जाता है। सूरदास ने प्रकृति की सुंदरता का वर्णन करते हुए इसके संरक्षण की अप्रत्यक्ष रूप से प्रेरणा दी।

संत रैदास :

मन चंगा तो कठौती में गंगा।

गंगा जल जो बहत सदा, बहे सकल हरि तीर।

अर्थात : यदि मन निर्मल है तो एक छोटे पात्र में भी गंगा का जल है। यह गंगा जल सदा बहकर हर जगह पवित्रता लाता है। रैदास ने जल को पवित्रता और जीवन का प्रतीक माना और उसके महत्व को समझाया।

गुरुनानक देव :

पवणु गुरु पानी पिता, माता धरत महत।

तिसहि घटि सभु जगतु उपाइआ, खेलै विचि रचिआ।

(जपुजी साहिब)

अर्थात : हवा गुरु है, पानी पिता है और धरती माता है। इस संपूर्ण संसार को इन्हीं तत्वों से बनाया गया है और सब इनके भीतर ही खेल रहे हैं। गुरु नानकदेव ने प्रकृति के साथ संतुलन और इसके प्रति कृतज्ञता का महत्व बताया है। कहने का

मतलब है कि भक्ति काल के कवियों ने अपने छंदों में प्रकृति और पर्यावरण को दिव्यता से जोड़ा और इसके संरक्षण का संदेश दिया। उनकी कृतियाँ आज भी हमें पर्यावरण के प्रति संवेदनशील बनने की प्रेरणा देती हैं।

रीति काल में पर्यावरण

रीतिकाल के कवियों में प्रकृति चेतना का कोई ख़ास महत्व नहीं है, क्योंकि इन कवियों ने प्रकृति का चित्रण उद्दीपन के रूप में किया है। प्रकृति का स्वतंत्र और आलंबन रूप में चित्रण बहुत कम हुआ है। इन कविताओं का आकर्षण-केंद्र नारी थी, इसलिए यहाँ कवियों का ध्यान प्रकृति के स्वतंत्र रूप में लगभग नहीं गया है। प्रकृति के उद्दीपन रूप का चित्रण भी परंपरागत है। नायक-नायिका की मानसिक स्थिति के अनुरूप प्रकृति भी संयोग में सुखद और वियोग में दुखद रूप में चित्रित हुई है। सेनापति और पद्माकर जैसे कई कवि इसके अपवाद हो सकते हैं, क्योंकि सेनापति और पद्माकर के यहाँ बसंत ऋतु का आकर्षक वर्णन हुआ है। चूँकि पर्यावरण प्रकृति से जुड़ा हुआ एक आधुनिक 'कांसेप्ट' है, अतः आदिकालीन, मध्यकालीन या रीतिकालीन कवियों से यह अपेक्षा नहीं की जा सकती कि उनकी रचनाओं में प्रकृति के प्रति वही भाव और समर्पण मिले जो आधुनिक कविताओं में मिलता है।

आधुनिक काल में पर्यावरण

पर्यावरण का विषय सबसे अधिक समकालीनता से जुड़ा हुआ है। समकालीनता की बात करें तो इसकी अवधि को लेकर विद्वानों में काफ़ी मतभेद हैं। किंतु फिर भी सन 1960 के बाद से अब तक की कविता को समकालीनता के दायरे में लाया जा सकता है। समकालीन कविता के पहचान के रूप में कहा जाए तो इस काल की कविता का मुख्य स्वर निषेध, अस्वीकार, आक्रोश, व्यंग्य, यथार्थ, उत्पीड़न और विद्रोह का रहा है। किंतु समकालीन कविता के सरोकार समय के साथ बदलते रहे हैं। वस्तुतः समकालीन कविता जीवन के सौंदर्य एवं संघर्ष की

कविता है, क्योंकि आप देखेंगे कि जैसे-जैसे प्रकृति में पारिस्थितिकी संतुलन खोता गया, वैसे-वैसे पर्यावरण का यथार्थ स्वरूप साहित्य से जुड़ता गया। अब कवि पूरे साहस के साथ पर्यावरण के यथार्थ को व्यक्त करता है। समकालीन विसंगतियों पर प्रहार करना और वास्तविकता को समाज के सामने लाना समकालीन कविता की मुख्य विशेषता है। पर्यावरण आज इसका मुख्य हिस्सा हो गया है। यह प्रकृति और समकाल की ज्वलंत समस्या है। इसलिए समकालीन कवियों ने मानव जीवन के हितार्थ अनेक सरोकारों में से पर्यावरण को भी अपनी कविता में स्थान दिया है। अधिकांश समकालीन कवियों ने पर्यावरण के विभिन्न पहलुओं को चित्रित करने के लिए अपनी क़लम उठाई। दलित विमर्श और स्त्री विमर्श के समान ही पर्यावरण विमर्श भी आधुनिक कवियों की एक प्रमुख विषयवस्तु है।

जल, जंगल और ज़मीन पर संकट

(पर्यावरणीय संचेतना और समकालीन कविता का भारतीय संदर्भ)

समकालीन हिंदी कविता का एक महत्त्वपूर्ण पक्ष यह है कि यह समाज और प्रकृति के पारस्परिक संबंधों को गहराई से उद्घाटित करती है। विशेषकर जब हम जल, जंगल और ज़मीन पर मँडराते संकटों की बात करते हैं तो कवियों ने इन मुद्दों को आत्मीय होकर गंभीरता से समझा है और अपने रचनात्मक विमर्श का भी अभिन्न हिस्सा बनाया है। पर्यावरणीय संचेतना आज केवल एक बौद्धिक विमर्श नहीं रही, बल्कि यह जीवन और साहित्य दोनों के लिए अनिवार्य प्रश्न बन गई है। जल, जंगल और ज़मीन हमारी सभ्यता का आधार हैं, परंतु विकास की अंधी दौड़ और औद्योगिकीकरण के बढ़ते दबाव ने इन्हें भारी संकट में डाल दिया है। इस संदर्भ में भारतीय कविता पर्यावरणीय संकटों के परिहार के लिए एक तरह का प्रतिरोध खड़ा करती है।

जैसा कि ऊपर भी कहा गया है, भारतीय कविता में प्रकृति और मनुष्य के बीच गहरे संबंध का चित्रण प्राचीन काल से मिलता है, लेकिन आधुनिक काल में जब प्रकृति पर संकट गहराने लगा तो साहित्य; विशेषकर कविता ने इसे गंभीरता से उठाया। इससे विमर्श के नए आयाम खुले। जल, जंगल और ज़मीन पर मँडराते संकटों के प्रति यह चेतना केवल साहित्य तक सीमित नहीं है, यह हमें अपने जीवन को प्रकृति के साथ सामंजस्य में ढालने की प्रेरणा भी देती है। भारतीय संदर्भ में यह चेतना और भी प्रासंगिक हो जाती है जहाँ जल, जंगल और ज़मीन केवल प्राकृतिक संसाधन नहीं, बल्कि जीवन और संस्कृति के मूल आधार हैं।

अब मैं कुछ उन प्रतिनिधि कवियों की चर्चा करूँगा जिनकी कृतियों में पर्यावरण अपनी पूरी साहित्यिक संवेदनाओं के साथ दृष्टिगत हुआ है—

इस क्रम में समकालीन पर्यावरणीय कविता लेखन में **स्व॰ केदारनाथ सिंह** का नाम बड़ी निष्ठा के साथ लिया जा सकता है। केदारनाथ सिंह की ऐसी कई कविताएँ हैं जो लोक और प्रकृति से गहराई से जुड़ी हुई हैं। आज पूरा विश्व जिस तरह पर्यावरण के संकट से गुज़र रहा है, यह चिंता का विषय है। यह चिंता तभी कवि की चिंता बनती है जब वह जीवन के संकट का प्रश्न बन जाती है। केदारनाथ सिंह के कविता-कर्म में प्रकृति और पर्यावरण की उपस्थिति बहुत गहरी और विस्तीर्ण है। पर्यावरण के ऊपर तो उनका एक पूरा संग्रह 'पानी की प्रार्थना' ही है जिसमें इसी शीर्षक से एक कविता भी है। यह कविता प्रकृति के प्रति मनुष्य की ज़िम्मेदारी और उसके उपेक्षापूर्ण रवैये को रेखांकित करती है। इस कविता में 'प्रभु, मैं पानी—पृथ्वी का प्राचीनतम नागरिक' के संबोधन से जल ही पाठक से बात करता है :

पर कोई करे तो भी क्या
समय ही कुछ ऐसा है
कि पानी नदी में हो
या किसी चेहरे पर
झाँककर देखो तो तल में कचरा
कहीं दिख ही जाता है

इस कविता में मानवीय चरित्र और जल प्रदूषण को पूरी कलात्मकता के साथ रखा गया है और इंगित किया गया है कि चेहरा यानी चरित्र और जल दोनों धूमिल हो गए हैं। यह कविता प्रदूषण और मानवीय लापरवाही को भी उजागर करती है। चील, जानवर और चरवाहे के संदर्भों में पानी की उपयोगिता और उस पर निर्भर जीवन-चक्र को प्रभावी ढंग से उभारा गया है। कवि कहना चाहता है कि पानी जो जीवनदायी है, प्रदूषण और मानवीय स्वार्थ के कारण संकटग्रस्त हो गया है। 'झाँककर देखो तो तल में कचरा कहीं दिख ही जाता है' में मानवीय लापरवाही और जल-स्रोतों की बिगड़ती स्थिति को व्यक्त किया गया है। कविता में बाज़ार के युग का ज़िक्र पानी के बाज़ारीकरण की ओर इशारा करता है, जहाँ यह नैतिकता और सादगी से वंचित हो चुका है। पानी के 'शर्मिंदा' होने और उसकी 'अपराध क्षमा' की याचना, मानवीय स्वार्थ और पर्यावरण के शोषण की विडंबना को तीव्रता

से व्यक्त करती है। कविता मानवीय संवेदनहीनता पर सवाल उठाते हुए जल के प्रति ज़िम्मेदारी और सम्मान का आह्वान करती है। कवि ने पानी के बहाने न केवल पर्यावरणीय चेतावनी दी है, बल्कि जीवन और प्रकृति के परस्पर संबंधों पर भी विचार करने को प्रेरित किया है। यह कविता जल-संरक्षण के महत्व और इसके प्रति मानवीय कर्तव्य की अनिवार्यता का दर्शन रचती है। जल के इस चित्रण से स्पष्ट होता है कि प्रकृति कैसे मनुष्य के दुष्कृत्यों का बोझ ढो रही है। उसी प्रकार 'नदी' कविता में नदी को जीवनदायिनी और सृजनशील शक्ति के रूप में प्रस्तुत किया गया है :

छोड़ दो
तो वही अँधेरे में करोड़ों तारों की आँख
बचाकर
वह चुपके से रच लेगी
एक समूची दुनिया
एक छोटे से घोंघे में

यह प्रकृति की अद्वितीय शक्ति का प्रमाण है। यह इस बात का भी संकेत है कि भले ही उसे उपेक्षित कर दिया जाए, अपने भीतर जीवन और सृजन की संभावना को बनाए रखती है। इसी कविता से :

कभी सुनना
जब सारा शहर सो जाए
तो किवाड़ों पर कान लगा
धीरे-धीरे सुनना
कहीं आसपास
एक मादा घड़ियाल की कराह की तरह
सुनाई देगी नदी

यहाँ नदी की वेदना प्रकृति के साथ किए जा रहे अन्याय और उसकी पीड़ा मानवीय रागात्मकता के गहरे अर्थ में अभिव्यक्त हुई है। 'पानी में घिरे हुए लोग' कविता भी केदार नाथ सिंह की एक अन्यतम पर्यावरणीय रचना है, जिसमें बाढ़ की त्रासदी को पर्यावरणीय असंतुलन और प्राकृतिक आपदाओं की भयावहता के रूप में कवि ने दिखाया है :

यह कितना अद्‌भुत है
कि बाढ़ चाहे जितनी भयानक हो
उन्हें पानी में थोड़ी-सी जगह ज़रूर मिल जाती है
थोड़ी-सी धूप
थोड़ा-सा आसमान

यह कविता मनुष्य के संघर्षशील स्वभाव के साथ-साथ प्रकृति के संतुलन को पुन: खोजने की आवश्यकता को इंगित करती है। इसी कविता से :

मगर पानी में घिरे हुए लोग
शिकायत नहीं करते
वे हर क़ीमत पर अपनी चिलम के छेद में
कहीं-न-कहीं बचा रखते हैं
थोड़ी-सी आग

यहाँ बाढ़ से घिरे लोगों का जुझारूपन प्रकृति से सामंजस्य स्थापित करने की कोशिश को जीवंत रूप में व्यक्त करता है।

केदारनाथ सिंह की 'फूल को हक़ दो' कविता प्रकृति के हर तत्व को अपना स्वतंत्र अस्तित्व और अधिकार दिए जाने की वकालत करती है।

'माटी को हक़ दो, वह भीजे, सरसे, फूटे, अँखुआए' में मिट्टी को जीवनी शक्ति के रूप में देखा गया है। वहीं 'यह दूब की पताका—नए मानव के लिए!' पर्यावरण संरक्षण और नई उम्मीद से लबरेज़ है। कविताओं में केदारनाथ सिंह ने प्रकृति के शोषण, पर्यावरणीय संकट और पुनर्निर्माण की संभावनाओं को संवेदना के गहरे तल से प्रस्तुत किया है। उनकी ये कविताएँ पाठकों को पर्यावरणीय चेतना के प्रति जागरूक करती हैं और प्रकृति के साथ सह-अस्तित्व की भावना को प्रोत्साहित करती हैं।

हम कह सकते हैं कि केदारनाथ सिंह की कविताओं में पर्यावरणीय लोकचेतना पूरी शिद्दत से व्यक्त होती है। उन्होंने जल, नदी, मिट्टी और अन्य प्राकृतिक तत्वों की आधारभूमि पर पर्यावरणीय संकट और मानव उपेक्षा के परिणामों को प्रभावी तरीक़े से चित्रित किया है। उनकी कविताएँ दिखलाती हैं कि प्रकृति के शोषण के बावजूद वह अपनी पुनर्निर्माण क्षमता बनाए रखने में सक्षम है, जो जीवन और सृजन की निरंतरता का संकेत है, अन्यथा जीवन यहाँ संकट में पड़ सकता है। इन

रचनाओं में एक ओर जहाँ पर्यावरणीय संकट की भयावहता की अभिव्यक्ति हुई है, वहीं दूसरी ओर प्रकृति के साथ सामंजस्य और पुनर्नवा की संभावना का गहन संदेश भी निहित है। केदारनाथ सिंह ने अपनी काव्यात्मक गहराई से पर्यावरणीय संतुलन और मानव के ज़िम्मेदार आचरण की ज़रूरत पर बल दिया है।

वृक्षों के महत्व का वर्णन करते हुए पर्यावरण के संरक्षण के संबंध में कवि **कुँवर नारायण** कहते हैं कि वृक्ष हर मौसम में मानव का हमदर्द बनकर उसकी भलाई करता है। हम जानते हैं कि मनुष्य को जीने के लिए जो हवा और पानी की आवश्यकता है, वह वृक्षों के कारण ही प्राप्य है। पर्यावरण में प्राणवायु वृक्षों के द्वारा ही बढ़ती है जिससे मानव आराम से साँस लेता है। वृक्ष गर्मियों में छाया बनकर हमारी थकावट दूर करता है। वृक्षों से ही बारिश होती है। वृक्ष एक जीवित बिंब है। वृक्षों को काटना नहीं चाहिए। वृक्षों के बिना हम अपने जीवन की कल्पना भी नहीं कर सकते। इसके बिना मनुष्य का जीना दूभर हो जाएगा। यह पर्यावरण संरक्षण के लिए बहुत ही आवश्यक है। उनकी कविता 'एक वृक्ष की हत्या' को देखिए :

अबकी घर लौटा तो देखा वह नहीं था—
वही बूढ़ा चौकीदार वृक्ष
जो हमेशा मिलता था घर के दरवाज़े पर तैनात

पुराने चमड़े का बना उसका शरीर
वही सख़्त जान;
झुर्रियोंदार खुरदुरा तना मैला-कुचैला
राइफ़ल-सी एक सूखी डाल
एक पगड़ी फूल पत्तीदार
पाँवों में फटा-पुराना जूता
चरमराता लेकिन अक्खड़ बल-बूता

धूप में, बारिश में
गर्मी में, सर्दी में
हमेशा चौकन्ना
अपनी ख़ाकी वर्दी में

दूर से ही ललकारता, "कौन?"
मैं जवाब देता, "दोस्त!"
और पल भर को बैठ जाता
उसकी ठंडी छाँव में

दरअसल, शुरू से ही था हमारे अंदेशों में
कहीं एक जानी दुश्मन
कि घर को बचाना है लुटेरों से
शहर को बचाना है नादिरों से
देश को बचाना है देश के दुश्मनों से
बचाना है—
नदियों को नाला हो जाने से
हवा को धुआँ हो जाने से
खाने को ज़हर हो जाने से
बचाना है—जंगल को मरुस्थल हो जाने से
बचाना है—मनुष्य को जंगल हो जाने से।

कुँवर नारायण की कविता 'एक वृक्ष की हत्या' केवल एक वृक्ष के चले जाने की सूचना भर नहीं है, बल्कि हिंदी की एक मानक पर्यावरणीय कविता है जो जितनी गहरी, संवेदनायुक्त और बहुस्तरीय अर्थों वाली कविता है उतनी ही मानवीय चेतना, पर्यावरणीय संकट और सांस्कृतिक अवमूल्यन के बीच एक आत्मीय संवाद स्थापित करने वाली भी। यह कविता उस वृक्ष के बहाने प्रकृति और मनुष्य के रिश्ते को हमारे समक्ष जीवंत कर देती है, जिसे कवि 'बूढ़ा चौकीदार' कहकर संबोधित करता है।

कविता की शुरुआत बेहद साधारण और आत्मीय शब्दों में होती है, लेकिन

जैसे-जैसे पाठक आगे बढ़ता है, वह अनुभव करता है कि यह साधारण वृक्ष केवल वृक्ष नहीं बल्कि एक प्रतीक है—स्मृतियों का, विश्वासों का और सुरक्षा का। कवि कहता है :

वही बूढ़ा चौकीदार वृक्ष
जो हमेशा मिलता था घर के दरवाज़े पर तैनात
पुराने चमड़े का बना उसका शरीर
वही सख़्त जान
झुर्रियोंदार खुरदुरा तना मैला-कुचैला

यह 'बूढ़ा चौकीदार वृक्ष' केवल भौतिक उपस्थिति का वृक्ष नहीं है, मनुष्य के लिए प्रकृति की एक विराट संरक्षक शक्ति भी है। वह चौकीदार बनकर खड़ा है ताकि मनुष्य के जीवन को हर प्रकार के ख़तरे से सुरक्षित रख सके। कवि ने इस वृक्ष का मानवीकरण करते हुए उसके 'झुर्रियोंदार खुरदुरे तने' को बुज़ुर्ग का चेहरा और उसके 'पगड़ी फूल पत्तीदार' को उसके आत्मसम्मान का प्रतीक बनाया है। यहाँ 'वृक्ष' मानो एक योद्धा है, जो जीवन की हर कठिन परिस्थिति में अडिग खड़ा रहता है।

कविता में प्रकृति और मनुष्य के बीच टूटते हुए रिश्ते पर गहरा व्यंग्य भी देखने को मिलता है। जिस चौकीदार वृक्ष ने वर्षा, धूप और सर्दी के थपेड़े सहकर भी सुरक्षा दी, आज वही अनुपस्थित है। इसकी अनुपस्थिति एक बड़े पर्यावरणीय संकट का सूचक है। यही वृक्ष, जो धूप में, बारिश में, गर्मी में, सर्दी में हमेशा चौकन्ना था, अब हमारी उदासीनता के कारण खो गया है। कवि यहाँ एक व्यापक दृष्टिकोण अपनाते हुए पर्यावरणीय विनाश के साथ-साथ सांस्कृतिक क्षरण की ओर भी इशारा करता है। मनुष्य के लालच और लापरवाही ने नदियों को नाला, हवा को धुआँ और जंगल को मरुस्थल में बदल दिया है। वह प्रश्न उठाता है :

बचाना है—
नदियों को नाला हो जाने से
हवा को धुआँ हो जाने से
खाने को ज़हर हो जाने से
बचाना है—जंगल को मरुस्थल हो जाने से
बचाना है—मनुष्य को जंगल हो जाने से।

कविता पर्यावरणीय चेतना को मानव चेतना से जोड़ती है। जहाँ वृक्ष की अनुपस्थिति पर कवि दुःखी होता है, वहीं वह इस बात का संकेत भी देता है कि हमें अपनी ज़िम्मेदारी निभानी होगी। 'बचाना है' की आवृत्ति कविता को एक पुकार में बदल देती है। कवि यहाँ केवल पर्यावरण की रक्षा की बात नहीं करता, बल्कि मानवीय मूल्यों की पुनर्स्थापना की भी बात करता है। यह कविता मानवीय संवेदनाओं को आलोड़ती है और प्रकृति के साथ हमारे रिश्ते की टूटन के कारणों पर सोचने को विवश करती है। कुँवर नारायण ने बेहद सशक्त भाषा और बिंबों में यह स्पष्ट किया है कि वृक्ष का जाना केवल एक पेड़ का ग़ायब होना नहीं, बल्कि हमारी पूरी सभ्यता के लिए एक चेतावनी है। यह कविता पर्यावरणीय संकट की व्यथा-कथा है और आत्मचिंतन का अवसर भी देती है—वह चेतना जो मनुष्य को जंगल बनने से रोक सके। कुल मिलाकर 'अबकी घर लौटा तो देखा वह नहीं था'—एक अत्यंत संवेदनशील और प्रासंगिक कविता-पंक्ति है। कुँवर नारायण यहाँ प्रकृति के संरक्षण को एक सामाजिक और सांस्कृतिक ज़िम्मेदारी के रूप में प्रस्तुत करते हैं। यह कविता हमारे समय के लिए जितनी प्रासंगिक है,उतनी ही हमें आत्मविश्लेषण करने को भी प्रेरित करती है।

यह अपनी प्रतीकात्मकता और बिंबात्मकता में भी उतनी ही विशिष्ट है। इसमें वृक्ष को 'बूढ़ा चौकीदार' के रूप में प्रस्तुत कर कवि ने उसे सुरक्षा, आत्मसम्मान और प्रकृति के संरक्षक का प्रतीक बनाया है। मानवीकरण का प्रयोग करते हुए वृक्ष को 'ख़ाकी वर्दी' और 'राइफ़ल-सी एक सूखी डाल' जैसे बिंबों से सजीव बना दिया गया है। 'पगड़ी फूल पत्तीदार' जैसे मुहावरेदार चित्रण ने कविता को गहराई और लोकप्रतीति दी है। कविता में 'बचाना है' की आवृत्ति एक आह्वान का रूप ले लेती है, जो केवल पर्यावरण नहीं, बल्कि सांस्कृतिक और सामाजिक मूल्यों को भी सुरक्षित रखने का संदेश देती है। 'जंगल को मरुस्थल हो जाने' और 'मनुष्य को जंगल हो जाने' जैसा विरोधाभासी बिंब कविता की गहनता को बढ़ाता है। इसकी भाषा सरल होते हुए भी अत्यंत प्रभावशाली है, जो पाठक को आत्मचिंतन के लिए बाध्य करती है। संपूर्ण कविता में प्रकृति और मनुष्य के बीच के टूटते संबंधों की पीड़ा और चेतावनी का स्वर स्पष्ट झलकता है, जो इसे अत्यंत महत्वपूर्ण और प्रासंगिक बनाता है।

मंगलेश डबराल की पर्यावरणीय कविताएँ मानवीय संघर्ष, स्मृतियों और भविष्य की संभावनाओं के रूप में प्रस्तुत होती हैं। उनकी रचनाएँ पाठकों में पर्यावरणीय संवेदना और चेतना को जगाने का एक ऐसा उपकरण साबित हुई हैं जो एक साथ काव्यात्मकता और पर्यावरणीय चिंता दोनों को पूरी दृष्टिसंपन्नता से साधती हैं।

इस कोण से मंगलेश डबराल की एक कविता 'यहाँ थी वह नदी' की पहले चर्चा करना चाहूँगा जो एक स्मृति-संवेदना का अप्रतिम उदाहरण है, जिसमें नदी केवल भौतिक संरचना नहीं, बल्कि जीवन का एक सजीव, भावनात्मक और सांस्कृतिक चित्र बनकर उभरती है। यह कविता प्रकृति, स्मृतियों और समय के बदलते स्वरूप को बड़े ही गहरे और आत्मीय ढंग से अभिव्यक्त करती है। डबराल जी की लेखनी में साधारण शब्दों के भीतर छिपे असाधारण अर्थ और उनकी काव्यात्मक दृष्टि के गहन आयाम स्पष्ट रूप से दिखाई देते हैं।

कविता की शुरुआत में नदी की गति और उसकी जीवंतता को मानवीय रूपकों में इस तरह से चित्रित किया गया है कि वह मनुष्य के लिए जीवनदायिनी और क्रियाशील इकाई बन जाती है। देखिए :

जल्दी से वह पहुँचना चाहती थी
उस जगह, जहाँ एक आदमी
उसके पानी में नहाने जा रहा था
एक नाव
लोगों का इंतज़ार कर रही थी
और पक्षियों की क़तार
आ रही थी पानी की खोज में

मनुष्य और प्रकृति के बीच का यह अंतर्संबंध नदी के मानवीयकरण का एक महत्वपूर्ण और अनिवार्य स्त्रोत बन जाता है।

डबराल की स्मृति-प्रधान कविताओं की यह विशेषता है कि वे व्यक्तिगत अनुभवों को सामूहिकता में बदल देती हैं। 'बचपन की उस नदी में हम अपने चेहरे देखते थे हिलते हुए' जैसी पंक्तियाँ केवल बचपन के निर्दोष और स्वाभाविक क्षणों

की स्मृतियाँ ही नहीं हैं, बल्कि यह अतीत की उन सांस्कृतिक धरोहरों का संकेत हैं जो अब समाप्तप्राय हो चुकी हैं। नदी के किनारे बसे घर और उसकी हमेशा उफनती प्रकृति, उसके तटों और पत्थरों को प्यार करती धारा—यह सब कवि के बचपन और समग्र जीवन का अभिन्न अंग रहे हैं।

कविता की सबसे मार्मिक पंक्तियाँ :

हमें याद है
यहाँ थी वह नदी इसी रेत में
जहाँ हमारे चेहरे हिलते थे
यहाँ थी वह नाव इंतज़ार करती हुई

अब वहाँ कुछ नहीं है
सिर्फ़ रात को जब लोग नींद में होते हैं
कभी-कभी एक आवाज़ सुनाई देती है रेत से।

वे हैं जो स्मृतियों के क्षय और जीवन की नश्वरता को उजागर करती हैं। 'हमें याद है यहाँ थी वह नदी इसी रेत में' और 'अब वहाँ कुछ नहीं है'—यह कथन एक नदी के लुप्त होने के वर्णन के साथ-साथ सभ्यता और पर्यावरण के बीच के असंतुलन का एक गहरा रूपक भी है। वर्तमान की शुष्कता और अतीत की सरसता के बीच यह तनाव कविता को विशिष्ट काव्यात्मक अर्थ प्रदान करता है।

कविता की अंतिम पंक्ति, जिसमें 'कभी-कभी एक आवाज़ सुनाई देती है रेत से', स्मृति और विस्मृति के उस चिरंतन संघर्ष को उजागर करती है जो समय और स्थान की सीमा को पार कर जाता है। डबराल की यह शैली पाठक को उन अनुभवों और संवेदनाओं से जोड़ती है जो व्यक्तिगत होते हुए भी सार्वभौमिक हैं।

मंगलेश डबराल की इस कविता में प्रतीक, ध्वनियाँ और छवियाँ एक दूसरे के साथ तादात्म्य स्थापित करती हैं। डबराल की भाषा में बहने वाली यह सरलता और सहजता उनकी गहन संवेदना और मानवीय दृष्टि का प्रमाण है। यह कविता न केवल पाठक को एक गहरी भावात्मक अनुभूति प्रदान करती है, उसे प्रकृति और मनुष्य के रिश्ते पर पुनर्विचार करने के लिए प्रेरित भी करती है।

इनकी दूसरी कविता 'घटती हुई ऑक्सीजन' को देखिए। यह समकालीन समाज, पर्यावरण और मानवीय संबंधों के बीच व्याप्त संकटों का एक गहन

काव्यात्मक आख्यान है। यह कविता अपने समय की उन चुनौतियों को सामने लाती है, जो दैहिक, मानसिक और सांस्कृतिक स्तर पर मानव जीवन को प्रभावित करती है और पर्यावरणीय क्षरण, असमानता और सामाजिक विघटन का केवल वर्णन नहीं करती, बल्कि इन समस्याओं की गहरी जड़ों और उनके प्रभावों की ओर संकेत करती है।

कविता की शुरुआत एक अति साधारण और परिचित वाक्य से होती है :

अक्सर पढ़ने में आता है
दुनिया में ऑक्सीजन कम हो रही है

यह आरंभ सहज प्रतीत होता है, परंतु इसके पीछे एक गहरी चिंता और विडंबना छिपी है। कवि ऑक्सीजन को केवल इलाज के रूप में नहीं देखता, जीवन की आधारभूत शक्ति, यानी उस रूपक के रूप में भी प्रस्तुत करता है, जो हर जगह घट रहा है—पर्यावरण में, मानवीय संबंधों में और समाज की संवेदनाओं में। 'कभी ऐन सामने दिखाई दे जाता है कि वह कितनी तेज़ी से घट रही है'—यह पंक्ति हमारे चारों ओर घट रहे इस क्षय को सजीव रूप में सामने रखती है।

कवि व्यक्ति और समाज के बीच बढ़ती दूरियों और विघटन को व्यक्त करते हुए लिखता है : दूरियाँ कम हो रही हैं, लेकिन उनके बीच निर्वात बढ़ता जा रहा है। यह पंक्ति दूरी के घटने और तकनीकी प्रगति के विरोधाभास को ही नहीं दिखाती, मानवीय संबंधों और संवाद की गिरावट को भी रेखांकित करती है। 'हर आदमी अपने दड़बे में क़ैद हो गया है'—यह आधुनिक जीवन की एक ऐसी भयावह तस्वीर खींचती है, जिसमें व्यक्ति आत्मकेंद्रित होकर सामूहिकता और सामाजिकता से कट चुका है।

कविता में पर्यावरणीय और सामाजिक संकट के साथ-साथ सत्ता और व्यवस्था की संवेदनहीनता का भी स्पष्ट चित्रण मिलता है :

दम साधे हुए मैं एक सत्ताधारी के पास जाता हूँ
उसे अच्छी तरह पता है दुनिया का हाल
मुस्कराते हुए वह कहता है, तुम्हें क्यों फ़िक्र पड़ी है

ये वाक्य सत्ता की निरंकुशता, उपेक्षा और उसके खोखले आश्वासनों पर कड़वा व्यंग्य हैं। डबराल सत्ता की उस विडंबना को सामने लाते हैं, जहाँ समाधान की उम्मीद रखने वाले को केवल तिरस्कार मिलता है।

कविता का सबसे मार्मिक और गहन हिस्सा वह है, जहाँ कवि अस्पतालों की तस्वीर खींचता है :

अस्पतालों में दिखाई देते हैं ऑक्सीजन से भरे हुए सिलिंडर
नीमहोशी में डूबते-उतराते मरीज़ों के मुँह पर लगे हुए मास्क

यह दृश्य केवल शारीरिक कष्ट की बात नहीं करता है, उन परिस्थितियों की ओर भी इशारा करता है, जहाँ साँस लेना भी एक संघर्ष बन चुका है। यह हमारे समय के दमनकारी और घुटनभरे माहौल का प्रतीक बनता है। यह कविता बिंबात्मक्ता, गहन संवेदना और सामाजिक आलोचना की त्रिवेणी है।

आबो-हवा की फ़िक्र में आलीशान जहाज़ों में बैठे लोग
जा रहे हैं एक देश से दूसरे देश

ये पंक्तियाँ आधुनिक समय के उस वर्गीय अंतर और पर्यावरणीय पाखंड पर प्रहार करती हैं, जहाँ वर्चस्वशाली वर्ग अपने हितों को साधने में ही व्यस्त है।

कविता में भाषा की सहजता और बिंबों की गहराई पाठक को विचारशील बनाती है। डबराल यहाँ एक ऐसे कवि के रूप में सामने आते हैं, जो समकालीन समय की नब्ज़ को पहचानते हैं और उसे अपनी काव्यात्मक अभिव्यक्ति से सजीव कर देते हैं। 'घटती हुई ऑक्सीजन' एक ऐसी कविता है, जो केवल पर्यावरणीय संकट की चर्चा नहीं करती, बल्कि हमारे समय की सामाजिक, सांस्कृतिक और राजनीतिक जटिलताओं को भी प्रकट करती है। यह कविता मंगलेश डबराल के साहित्यिक कौशल, विचारधारा और काव्य-दृष्टि का उत्कृष्ट उदाहरण है। यह समकालीन समाज को उसकी वास्तविकता का आईना दिखाने का कार्य करती है।

मंगलेश डबराल की एक कविता 'आदिवासी' को मैं यहाँ लेना चाहूँगा, जो एक सांस्कृतिक और राजनीतिक दस्तावेज़ की तरह पढ़ी जा सकती है। इसे आदिवासी समुदायों के जीवन-संघर्ष और विडंबनाओं को गहरी संवेदना और काव्यात्मक प्रतीकात्मकता के साथ प्रस्तुत किया गया है। यह कविता आदिवासी जीवन के यथार्थ को रेखांकित करती है और उनके अस्तित्व, संघर्ष और उनकी परंपराओं को भी ध्वनित करती है। कविता का आरंभ नदियों और आदिवासी समुदायों के नामों से होता है :

इंद्रावती गोदावरी शबरी स्वर्णरेखा तीस्ता बराक कोयल
सिर्फ़ नदियाँ नहीं उनके वाद्ययंत्र हैं

ये पंक्तियाँ आदिवासियों और प्रकृति के गहन संबंध को उजागर करती हैं। यहाँ नदियाँ केवल भौगोलिक इकाइयाँ नहीं, आदिवासी जीवन और उनकी सांस्कृतिक धरोहर का प्रतीक भी हैं। इसी प्रकार :

मुरिया बैगा संथाल मुंडा उरांव डोंगरिया कोंध पहाड़िया
महज़ नाम नहीं—वे राग हैं जिन्हें वह प्राचीन समय से गाता आया है

ये इन समुदायों को उनकी संगीतात्मक परंपराओं और सांस्कृतिक अभिव्यक्ति के साथ जोड़ती हैं। डबराल आदिवासी जीवन को किसी रोमांटिक दृष्टि से नहीं, उनके अस्तित्व के जीवंत सत्य के रूप में भी चित्रित करते हैं।

कविता का मध्य भाग आदिवासी जीवन के सौंदर्य और उसकी सहजता को चित्रित करता है :

कुछ समय पहले तक वह अपनी तस्वीरों में
एक चौड़ी और उन्मुक्त हँसी हँसता था

ये पंक्तियाँ उनकी प्रसन्नता, स्वतंत्रता और उनके जीवन की सरलता का प्रतीक हैं।

युवती बालों में एक फूल खोंसे हुए
युवक के सर पर बँधी हुई एक बाँसुरी जो अपने आप बजती हुई लगती थी

ये चित्र आदिवासी समाज की पारंपरिक सौंदर्यबोध और उनके जीवन के सहज प्रवाह को सामने लाते हैं। लेकिन यह सौंदर्य और सहजता धीरे-धीरे क्षीण होती जाती है :

अब क्षितिज पर बार-बार उसकी काली देह उभरती है
वह कभी उदास और कभी डरा हुआ दिखता है—

ये पंक्तियाँ आधुनिकता और पूंजीवादी विकास के प्रभावों को रेखांकित करती हैं, जिसने आदिवासी समाज को उसकी जड़ों से उखाड़ दिया है। आगे देखिए :

उसे अपने अरण्य से दूर ले जाया जा रहा है
अपने लोहे कोयले और अभ्रक से दूर—

ये पंक्तियाँ प्राकृतिक संसाधनों के दोहन और उनके नाम पर आदिवासियों के विस्थापन के दुखद आख्यान रचती हैं।

कविता में आदिवासियों की सांस्कृतिक और सामाजिक लूट का वर्णन करते हुए डबराल उनकी जिजीविषा और संघर्ष की ओर भी संकेत करते हैं :

उसने किसी तरह एक बाँसुरी और एक तुरही बचा ली है
एक फूल, एक माँदर, एक धनुष बचा लिया है

यह आदिवासी समुदाय की उस जिजीविषा को व्यक्त करती है, जो उनकी संस्कृति और परंपराओं को बचाए रखने की कोशिश में निहित है। लेकिन यह संघर्ष सत्ता और पूंजी की ताक़तों के सामने अक्सर कुचल दिया जाता है। इसी तरह :

तब जो लोग उस पर शासन करते हैं
वे तुरंत अपनी बंदूक़ निकालकर ले आते हैं

ये पंक्तियाँ आदिवासियों पर हो रहे दमन और हिंसा का नग्न सत्य प्रस्तुत करती हैं। डबराल की यह कविता आदिवासी समुदायों की त्रासदी और उनके प्रतिरोध दोनों को समग्रता में व्यक्त करती है। यहाँ प्रकृति, संस्कृति और राजनीति का संगम है, जो पाठक को एक गहन विचार यात्रा पर ले जाता है। भाषा की सहजता और प्रतीकों की गहराई कविता को और अधिक प्रभावशाली बनाती है। 'आदिवासी' कविता हमारे समय की उन जटिल वास्तविकताओं का दस्तावेज़ है, जो अक्सर मुख्यधारा के विमर्श में अनदेखी रह जाती हैं। यह कविता मंगलेश डबराल की काव्य दृष्टि, उनकी सामाजिक चेतना और उनके मानवीय सरोकारों का सशक्त उदाहरण है।

इसी प्रकार मंगलेश डबराल की कविता 'वसंत' प्रकृति, स्मृति और मानवीय संवेदनाओं का एक ऐसा अद्वितीय संगम है, जिसमें बसंतऋतु केवल एक ऋतु न रहकर जीवन, पुनर्जन्म और अस्तित्व के गहन प्रतीक के रूप में उभरती है। यह कविता जीवन के उन सूने, ठंडे और उदास क्षणों के बारे में बताती है, जो बसंत के आगमन के साथ धीरे-धीरे आशा और संवेदना के प्रकाश से आलोकित हो जाते हैं। कविता की शुरुआत ही बसंत के प्रतीकात्मक अर्थ से होती है :

इन ढलानों पर बसंत
आएगा हमारी स्मृति में

यह पंक्ति बसंत को बाहरी प्रकृति के बजाय आंतरिक अनुभव और स्मृतियों से जोड़ती है। बसंत यहाँ केवल ऋतु परिवर्तन नहीं, उन मृतप्राय इच्छाओं का पुनर्जागरण भी है, जो ठंड और निराशा के कारण खो गई थीं। 'ठंड से मरी हुई इच्छाओं को फिर से जीवित करता'—पंक्ति कविता का केंद्रीय भाव है, जो जीवन

में नवीनीकरण और पुनर्निर्माण की संभावनाओं को रेखांकित करती है।

डबराल की प्रकृति दृष्टि अत्यंत संवेदनशील और गहन है। 'धीमे-धीमे धुँधवाता ख़ाली कोटरों में'—यह वाक्य उन सूनी जगहों और खोखलियों को संदर्भित करता है, जो मनुष्य की स्मृतियों और भावनाओं में शून्यता का प्रतीक हैं। बसंत का धुँधलाना और कोटरों में प्रवेश करना एक ऐसा प्रतीक है जो बताता है कि जीवन की हर रिक्तता को भरने की संभावना प्रकृति में अंतर्निहित है। कविता में पहाड़ और घाटी के प्राकृतिक दृश्य एक जीवंत पृष्ठभूमि प्रस्तुत करते हैं। इसी प्रकार :

घाटी की घास फैलती रहेगी रात को
ढलानों से मुसाफ़िर की तरह
गुज़रता रहेगा अंधकार

ये पंक्तियाँ उस दृश्यात्मक सौंदर्य को चित्रित करती हैं, जो जीवन की क्षणभंगुरता और उसके भीतर व्याप्त गतिशीलता को रेखांकित करती है। यहाँ अंधकार रात का ही नहीं, जीवन के उन क्षणों का भी प्रतीक है, जो बसंत के प्रकाश में बदलने की प्रतीक्षा में हैं।

कविता का मध्य भाग बसंत के आगमन के साथ परिवर्तन का संकेत देता है :

चारों ओर पत्थरों में दबा हुआ मुख
फिर उभरेगा झाँकेगा कभी

यह मानव अस्तित्व की उस संभावना की ओर इशारा करती है, जहाँ ठोस और ठंडे पत्थरों के नीचे भी जीवन छिपा हुआ है। 'पिघल जाएगी जैसे बीते साल की बर्फ़'—यह पंक्ति प्रतीकात्मक रूप से उन बाधाओं और निराशाओं का अंत है, जो जीवन को जकड़े हुए थीं। कविता का अंतिम भाग बसंत के द्वंद्व और उसकी जटिलता को उजागर करता है :

अंतहीन आलिंगनों के बीच एक आवाज़
छटपटाती रहेगी

यह बसंत के भीतर भी छिपी हुई बेचैनी और संघर्ष की कहानी है। यहाँ 'चिड़िया की तरह लहूलुहान'—पंक्ति बसंत की सुंदरता और उसमें निहित संघर्ष का प्रतीक है। यह दिखाती है कि जीवन में हर पुनर्जन्म, हर आशा के साथ संघर्ष और दर्द की छटपटाहट भी जुड़ी रहती है। मंगलेश डबराल की यह कविता प्रकृति और मनुष्य के संबंधों की गहराई में उतरती है। उनकी भाषा में सहजता और प्रतीकों

की जटिलता का अद्भुत संयोजन है। बसंत को केवल प्राकृतिक परिवर्तन के रूप में देखने के बजाय, डबराल उसे स्मृति, संवेदना और जीवन के नवीकरण का प्रतीक बनाते हैं।

मंगलेश डबराल की कविता 'पहाड़ पर लालटेन' उनके विशिष्ट काव्य स्वर और उनकी मानवीय संवेदनाओं का उत्कृष्ट उदाहरण है। यह कविता पहाड़, जंगल और उनके आसपास के जीवन की गहन त्रासदी को एक विलक्षण दृष्टि से प्रस्तुत करती है। इसमें प्रकृति, संघर्ष और मनुष्य की असहायता का ऐसा सामंजस्य है, जो पाठक को भीतर तक प्रकंपित कर देती है।

कविता का आरंभ जंगल के भीतर के त्रासद यथार्थ से होता है :

जंगल में औरतें हैं
लकड़ियों के गट्ठर के नीचे बेहोश

यह पंक्ति केवल महिलाओं के शोषण को रेखांकित नहीं करती है, बल्कि प्रकृति और मानव जीवन के बीच के शोषणमूलक संबंधों पर भी प्रहार करती है।

जंगल में बच्चे हैं
असमय दफ़नाए जाते हुए

यह पंक्ति उन मासूम ज़िंदगियों की अनसुनी पीड़ा को स्वर देती है, जो अपनी संभावनाओं से पहले ही समाप्त हो जाती हैं। जंगल केवल एक भौगोलिक स्थान नहीं, वह मंच भी है, जहाँ मानवीय और प्राकृतिक त्रासदियाँ हर दिन खेली जाती हैं।

डबराल प्रकृति को एक जीवंत और दुखी पात्र के रूप में देखते हैं। 'जंगल में सोया है रक्त'—यह वाक्य प्रकृति के भीतर छिपे उस संघर्ष और हिंसा का प्रतीक है, जो मनुष्य की स्वार्थपरक प्रवृत्तियों का परिणाम है।

धूप में तपती हुई चट्टानों के पीछे
वर्षों के आर्तनाद हैं

यह दर्शाती है कि प्रकृति केवल एक स्थिर वस्तु नहीं, उसके भीतर इतिहास, आघात और पीड़ा के अंश भी समाए हुए हैं।

कविता का दूसरा पैराग्राफ़ पहाड़ की त्रासदी को व्यक्त करता है। 'वह पहाड़ दुख की तरह टूटता आता है हर साल'—यह पहाड़ को एक पीड़ित प्राणी के रूप में चित्रित करती है, जो हर वर्ष टूटता और बिखरता है। 'बर्फ़ की तरह जमती जाती हैं दुःस्वप्न आँखों में'—यह वाक्य मानव जीवन की असहायता और उसकी सपनों

में छिपी हुई त्रासदी का सटीक चित्रण है।

डबराल की कविताओं में सामाजिक और आर्थिक असमानता का गहरा बोध रहता है :

देखो अपने गिरवी रखे हुए खेत
बिलखती स्त्रियों के उतारे गए गहने

यह पाठक को सीधे सामाजिक और आर्थिक अन्याय के कटु यथार्थ के सामने खड़ा करती है। यहाँ लालटेन प्रकाश के स्रोत के साथ-साथ चेतना और संघर्ष का प्रतीक भी बन जाती है। 'दूर एक लालटेन जलती है पहाड़ पर / एक तेज़ आँख की तरह'—यह लालटेन उस आशा और विद्रोह का प्रतीक है, जो धीरे-धीरे एक आग में परिवर्तित हो रही है।

कविता का अंत अद्भुत रूप से प्रभावशाली है :

जंगल से लगातार एक दहाड़ आ रही है
और इच्छाएँ दाँत पैने कर रही हैं पत्थरों पर

यह संघर्ष और विद्रोह की उस अनिवार्यता को दर्शाती है, जो हर अन्याय और शोषण के विरुद्ध उत्पन्न होती है। यहाँ जंगल केवल प्राकृतिक परिवेश नहीं, बल्कि प्रतिरोध और संघर्ष की ऊर्जा का केंद्र बन जाता है।

'पहाड़ पर लालटेन' मानवीय पीड़ा, प्रकृति की त्रासदी और सामाजिक अन्याय के बीच के गहरे संबंधों को उजागर करती है। मंगलेश डबराल की यह काव्य दृष्टि और संवेदनशीलता पाठक को न केवल सोचने पर मजबूर करती है, उसे अपने समय और समाज के प्रति जागरूक और प्राणवान भी बनाती है।

इस प्रकार मंगलेश डबराल की कविताओं में पर्यावरण केवल एक दृश्यात्मक या वर्णनात्मक तत्व नहीं, मानवीय अस्तित्व और प्रकृति के बीच के जटिल संबंधों का भी प्रतीक है। उनकी रचनाओं में पर्यावरणीय संकट को एक संवेदना से देखा गया है जो हमारी सांस्कृतिक स्मृतियों और सामाजिक जीवन के साथ अभिन्न रूप से जुड़ा है।

मंगलेश डबराल की कविता 'यहाँ थी वह नदी' न केवल नदी के प्राकृतिक सौंदर्य का वर्णन करती है, उस सांस्कृतिक और सामाजिक क्षति को भी व्यक्त करती है जो आधुनिक विकास और लालच के कारण हो रही है। नदी का सूखना मात्र भौतिक घटना नहीं, स्मृतियों का लोप और मानवीय मूल्यों का क्षरण भी

है। उसी प्रकार, 'घटती हुई ऑक्सीजन' कविता पर्यावरणीय संकट के आधुनिक आयामों को दर्शाती है जिसमें वायु प्रदूषण और प्राकृतिक संसाधनों की घटती उपस्थिति मानवीय जीवन पर गहरा प्रभाव डालती है। कविता यह स्पष्ट करती है कि आधुनिकता और उपभोक्तावाद ने पर्यावरण को किस हद तक हानि पहुँचाई है।

इसी प्रकार **नरेश सक्सेना** की कविता 'एक वृक्ष भी बचा रहे' पेड़ पर लिखी गई अब तक की प्राय: सभी समकालीन पर्यावरणीय कविताओं से अलग और विशिष्ट है :

अंतिम समय जब कोई नहीं जाएगा साथ
एक वृक्ष जाएगा
अपनी गौरैयों-गिलहरियों से बिछुड़कर
साथ जाएगा एक वृक्ष
अग्नि में प्रवेश करेगा वही मुझ से पहले

'कितनी लकड़ी लगेगी'
श्मशान का टाल वाला पूछेगा
ग़रीब से ग़रीब भी सात मन तो लेता ही है

लिखता हूँ अंतिम इच्छाओं में
कि बिजली के दाहघर में हो मेरा संस्कार
ताकि मेरे बाद
एक बेटे और एक बेटी के साथ
एक वृक्ष भी बचा रहे संसार में—

यह कविता इसलिए महत्वपूर्ण है क्योंकि इस कविता का मुख्य विषय मृत्यु का शाश्वत सत्य और पर्यावरण संरक्षण के प्रति कवि की गहरी संवेदना है। कवि इस धारणा को तोड़ता है कि मृत्यु के समय मनुष्य के साथ कोई नहीं जाता। वह बताता है कि मृत्यु के समय एक 'वृक्ष' मनुष्य के साथ जाता है, हालाँकि लकड़ी जाती है। यहाँ वृक्ष का अस्तित्व केवल एक साधारण लकड़ी के रूप में नहीं है, बल्कि

वह गौरैयों और गिलहरियों का आश्रय स्थल भी है। लकड़ियों के जलने से, पेड़ से उन जीवों का विस्थापन और विनाश का मुद्दा भी जुड़ जाता है। कविता में 'वृक्ष' एक प्रतीक के रूप में उभरता है जो जीवन, आश्रय और पर्यावरण का प्रतिनिधित्व करता है। जब श्मशान के टाल वाला पूछता है, 'कितनी लकड़ी लगेगी', तो यह प्रश्न केवल व्यावहारिकता से जुड़ा हुआ नहीं है, एक गहरे सांकेतिक अर्थ को जन्म भी देता है। कवि बताता है कि ग़रीब से ग़रीब व्यक्ति भी सात मन लकड़ी लेता है, जो ग़रीबी और मृत्यु के बीच के द्वंद्व को उजागर करता है।

कविता के अंतिम भाग में कवि अपनी अंतिम इच्छाओं में व्यक्त करता है कि उसका दाह संस्कार बिजली के दाहघर में किया जाए ताकि एक वृक्ष बचा रह सके। इसे इस रूप में ज़रूर देखा जा सकता है कि जब मृत व्यक्तियों को बिजली-घर के चूल्हे में जलाया जाएगा तो लकड़ियों की खपत कम होगी। यहाँ कवि की पर्यावरणीय चेतना स्पष्ट रूप से झलकती है। वह यह संदेश देता है कि मृत्यु के बाद भी इंसान प्रकृति पर बोझ न बने। अंतिम इच्छा में : एक बेटे और एक बेटी के साथ एक वृक्ष भी बचा रहे संसार में। इस पंक्ति का गहरा अर्थ है, जो बेहद प्रशंसनीय है। अपनी संततियों के साथ-साथ एक पेड़ को बचाने की जद्दोजहद; पर्यावरण के प्रति कवि के गहरे लगाव को अभिव्यक्त करती है। उसे अपने परिवार का हिस्सा मानना, इस कविता की सफलता का चरमोत्कर्ष भी है। कवि चाहता है कि मनुष्य की पीढ़ियों के साथ-साथ पर्यावरण भी सुरक्षित रहे। इस प्रकार कविता का वृक्ष को बचाने की भावना के साथ गहन सामंजस्य है।

काव्यशिल्प की दृष्टि से देखा जाए तो कविता का शिल्प सघन, स्पष्ट और प्रतीकात्मक है। इसमें वृक्ष, गौरैया, गिलहरी और श्मशान जैसे प्रतीक गहरे अर्थ भरते हैं। 'गौरैया-गिलहरियों से बिछुड़कर'—पंक्ति मानवीय करुणा का अद्‌भुत उदाहरण है, जहाँ कवि केवल वृक्ष के जलने की बात नहीं करता, उस पर आश्रित जीवों की पीड़ा को भी व्यक्त करता है। भाषा में तरलता और प्रवणता होने के कारण कविता की गहराई और अर्थवत्ता बनी रहती है। कविता का टोन, अंडरटोन गहरे संवेदनात्मक और चिंतनशील भावों से भरा हुआ है। कुल मिलाकर, यह कविता केवल मृत्यु का वर्णन नहीं करती, बल्कि प्रकृति और पर्यावरण के साथ हमारे संबंधों पर विचार करने के लिए प्रेरित करती है।

इसी प्रकार समकालीन परिदृश्य में और भी कई ऐसे वरिष्ठ कवि हैं, जिन्होंने

पर्यावरण पर काफ़ी सुगठित कविताएँ लिखी हैं। इनकी पर्यावरणीय कविताओं के शिल्प वैशिष्ट्य को यहाँ थोड़े में दर्ज करना ज़रूरी लगता है। इनमें शंभु बादल, नरेंद्र पुंडरीक, स्वप्निल श्रीवास्तव, डी एम मिश्र, कौशल किशोर, कविता वाचक्नवी, कैलाश मनहर, दिविक रमेश, शैलेंद्र चौहान, योगेंद्र कृष्णा, भास्कर चौधुरी, राजेन्द्र नागदेव, अशोक सिंह, नवनीत पांडे, निर्मला पुतुल, सुजाता कुमारी, भरत प्रसाद, बजरंग बिश्नोई आदि के नाम उल्लेखनीय हैं, जिन्होंने पर्यावरण पर कविताएँ लिखकर समकालीन कविता में इस विमर्श को विस्तार प्रदान किया है।

शम्भु बादल की कविताओं में पत्थर के खदानों से कट रहे पहाड़, ग़ायब होती चिड़ियाँ और टूटे हुए पहाड़ और नदियों की गहरी वेदना व्यक्त हुई है। वह कहते हैं :

जिसे तुम पहाड़ की
भभकती हँसी
झरना कहते हो
वह पहाड़ के सीने की
उफनती वेदना है
उसकी कसक से पेड़-पौधे
छटपटा रहे हैं
ब्लास्ट की आवाज़ से
क्षेत्र आतंकित है
दूर-दूर तक बिखरे पत्थर
घायल पहाड़ की
विकृत पर्यावरण की
करुण कथा कह रहे हैं
मनुष्य को सचेत कर रहे हैं।

उन्होंने अपनी कविताओं में नदी के गीत को अवरुद्ध न करने की प्रार्थनाएँ की है।

इसी तरह **विजेंद्र** ने भी अपनी बहुत-सी कविताओं में लोक प्रकृति और पर्यावरण को बचाने की वकालत की है।

नरेंद्र पुण्डरीक ज़मीन से गहरे जुड़े कवि हैं। उनकी कविताओं में प्रकृति और मानव जीवन का गहरा तादात्म्य दिखाई देता है। 'उनकी चिंता में था' कविता में कवि कहता है, 'अबकी बार आम में बौर कम आया है और महुआ कम चुआ है', जो न केवल पर्यावरणीय असंतुलन की ओर संकेत करता है, बल्कि मानवीय जीवन पर इसके प्रभावों को भी उजागर करता है। यहाँ कवि की संवेदनशीलता प्रकृति के हर छोटे परिवर्तन को महसूस करती है, जो उनकी चिंताओं को सार्वभौमिक बनाती है। 'मैं लौटता हूँ' कविता में स्मृतियों और प्रकृति का गहरा संबंध दिखता है। कवि लिखता है : वे नहीं होतीं वहाँ, पर बची रहती हैं कुछ न कुछ जगहें। यह पंक्ति उन स्थानों और रिश्तों का ज़िक्र करती है जो भले ही भौतिक रूप से समाप्त हो गए हों, लेकिन उनकी अनुभूति और ऊर्जा अब भी जीवित है। यह पर्यावरणीय और मानवीय स्मृतियों के सामंजस्य को व्यक्त करता है। 'बहते हुए भीतर' में कवि ने पिता के वृक्षारोपण को याद करते हुए कहा : मैंने न नीम रोपा/ न पीपल/ मैंने नीम पीपल की छाया में/ महसूस किया पिता को। जो पीढ़ियों के पर्यावरणीय योगदान और उससे जुड़े भावनात्मक अनुभवों का प्रतीक है। यह कविता पर्यावरण को पीढ़ीगत उत्तराधिकार के रूप में देखने का अद्भुत उदाहरण प्रस्तुत करती है। 'हरा रहकर' कविता में गमले में लगे गूमर पाठा का उल्लेख आता है, जो अब पानी न पाने पर भी हरा रहकर बेटियों की याद दिलाता रहता है, जो एक ओर पर्यावरणीय संघर्ष की बात करता है, तो दूसरी ओर प्रेम और स्मृतियों के अमिट प्रभाव को भी रेखांकित करता है।

नरेंद्र पुण्डरीक की ये जीवनधर्मी कविताएँ प्रकृति और मानवीय भावनाओं के बीच सेतु का कार्य करती हैं। उनकी कविताओं में पर्यावरणीय चेतना के साथ-साथ स्मृतियों और प्रेम का एक गहरा भावनात्मक संसार रचा गया है।

कौशल किशोर की कविताएँ प्रकृति और मानवीय हस्तक्षेप के बीच संघर्ष का एक महत्वपूर्ण साहित्यिक दस्तावेज़ हैं। उनकी कविताओं में एक ओर प्रकृति के सौंदर्य और उसकी अपार महत्ता का वर्णन है तो दूसरी ओर मानव की स्वार्थी प्रवृत्तियों और उनके परिणामस्वरूप होने वाले विनाश की गहरी चिंता व्यक्त की गई है। कविता 'धरती' में कवि का बयान है : वे काट रहे हैं पेड़ / हरे-भरे पेड़ / ... / वे उतार रहे हैं धरती के गहने / उसके वस्त्र / उसे कर रहे हैं नग्न / बेपर्द। यह बिंब धरती के साथ किए जा रहे क्रूर व्यवहार का मार्मिक चित्रण है। कवि मानवीय स्वार्थ और संवेदनहीनता को उजागर करते हुए सवाल करता है कि ऐसे लोग धरती को 'माँ' कैसे कह सकते हैं। 'विकास' कविता में कवि लिखता है : जंगल है / पर उसमें पेड़ नहीं / नदी है / पर उसमें पानी नहीं। ये पंक्तियाँ आधुनिक विकास की विडंबना को उजागर करती हैं, जिनमें प्राकृतिक संसाधनों का अस्तित्व केवल नाममात्र रह गया है। 'सिर्फ़ शून्य' में कवि कहता है : वे हरे-भरे जंगल से नहीं / कंक्रीट के जंगल से प्यार करते हैं।' यह पंक्ति औद्योगिकीकरण और शहरीकरण की अंधाधुंध होड़ पर तीखा व्यंग्य करती है। यहाँ कवि प्राकृतिक सौंदर्य के विनाश और मानव की आत्मकेंद्रित प्रवृत्ति को सामने रखता है। 'पेड़ों का कटना' में पेड़ों की कटाई को मानवीय संवेदना से जोड़ते हुए कवि कहता है : ये मूक हैं तो इसका अर्थ यह तो नहीं / कि इन्हें कटने के दर्द का एहसास नहीं। पाठक के भीतर करुणा और संवेदना जगाकर उसे आलोड़ती हैं। 'कनेरी की आँखें' कविता में कनेरी पहाड़ी को कवि अतीत, वर्तमान और भविष्य के परिदृश्य को देख पाने की अपील करता है : हम देख सकें तो देखें / कनेरी की आँखों से देखें।

शिल्प की दृष्टि से देखें तो कौशल किशोर की कविताएँ सरल और सशक्त भाषा में लिखी गई हैं। रूपकों, प्रतीकों और बिंबों का अत्यंत प्रभावी प्रयोग उनकी कविताओं को विशिष्ट बनाता है। कविता 'धरती' में गहने और वस्त्र का रूपक, 'सिर्फ़ शून्य' में कंक्रीट के जंगल का बिंब और 'पेड़ों का कटना' में हलाल किए जाने की तुलना कविताओं के भाव को गहराई देती है। उनकी गद्यात्मक शैली, सहज प्रवाह और मार्मिकता पाठकों को सीधे प्रभावित करती है। इन कविताओं में पर्यावरणीय चेतना के साथ मानवीय मूल्यों का चिंतन गहराई से समाहित है।

स्वप्निल श्रीवास्तव लोक चेतना के अत्यंत महत्त्वपूर्ण और वरिष्ठ कवि हैं। इनकी कविताएँ समान रूप से समादृत हैं और ख़ूब पढ़ी जाती हैं। इनकी कविताएँ पर्यावरणीय चिंताओं और मानवीय संवेदनाओं का अद्‌भुत मिश्रण हैं। इनकी कविताओं में प्रकृति, गाँव और बदलते परिवेश के प्रति गहरी पीड़ा अभिव्यक्त हुई है। कविता 'परिंदे' में कवि लिखता है : जो परिंदे महीने भर पहले / पेड़ों पर दिखाई देते थे / वे अब स्वप्न में भी नहीं दिखाई देते। यह मानवीय हस्तक्षेप के कारण पक्षियों की घटती संख्या और उनके अस्तित्व पर ख़तरे को गहराई से इंगित करती है। कवि परिंदों को प्रतीक बनाकर पर्यावरणीय असंतुलन का चित्र खींचता है और मानवीय स्वार्थ की आलोचना करता है। 'ऐसे आदमी भी कम होते जा रहे हैं गाँवों में / वे उड़ते जा रहे हैं कलकत्ता, बंबई, दिल्ली।'—कवि यहाँ ग्रामीण समाज के विघटन और विस्थापन की समस्या को पक्षियों की व्यथा से जोड़कर गहरी वेदना प्रकट करता है। 'कछार' कविता में कवि अपने गाँव और बचपन की स्मृतियों को जीवंत करते हुए लिखता है : कछार में दिन-दहाड़े पड़ती है डकैती / होता है क़त्ल / हमेशा यहाँ देर से पहुँचती है पुलिस। यह पंक्तियाँ ग्रामीण परिवेश में बढ़ते अपराध और प्रशासनिक उदासीनता पर तीखा व्यंग्य करती हैं। 'याद आता है' कविता में कवि मानवीय संबंधों और खोए हुए मूल्यों की कसक व्यक्त करता है। वह लिखता है : तमाम कोशिशों के बावजूद / मैं शहर जाकर मनुष्य नहीं बन सका। इस जैसी पंक्तियाँ आधुनिकता की अंधी दौड़ में मानवीय संवेदनाओं के खोने की वेदना को प्रकट करती हैं।

स्वप्निल श्रीवास्तव की कविताओं का शिल्प सरल, सहज और अत्यधिक प्रभावशाली है। कवि प्रकृति, गाँव और मनुष्य के रिश्तों को बिंबों और रूपकों से अपनी बात रखता है और लोकजीवन का जीवंत चित्र खींचता है। 'कछार' में बगुला-भगत, धान की बालें और 'याद आता है' में धानी रंग की साड़ी, काग़ज़ की नाव जैसे बिंब पाठक के सामने दृश्य की तरह लगते हैं। कहन का प्रवाह और लयात्मकता उनकी कविताओं को अद्वितीय बनाता है। कवि की भाषा संप्रेषणीय और लोक-द्युति से संपन्न है जो उनकी कविताओं को गहराई और अर्थवत्ता प्रदान करती है।

स्वप्निल श्रीवास्तव की कविता 'बुद्धा नदी' एक नदी का साहित्यिक आख्यान

है और मानवीय सभ्यता और प्रकृति के बीच की गहराई को उजागर करती है। यह कविता बुद्धा नदी को मात्र एक जलधारा के रूप में नहीं, बल्कि एक जीवंत, आत्मीय और मानवता के लिए समर्पित उपस्थिति के रूप में चित्रित करती है। कविता में नदी का जन्म किसी पौराणिक आख्यान से न जोड़ते हुए उसे एक साधारण तालाब से उद्भूत दिखाया गया है, जो यह संकेत करता है कि महानता की परिभाषा उसके आकार या ख्याति में नहीं, उसके जीवनदायिनी स्वरूप और उपयोगिता में है। नदी की सदानीरा प्रकृति, उसके तटों पर फलदार वृक्षों का आशीर्वाद और मछलियों का शरण-स्थल होना इसे प्रकृति के उदार और पोषणकारी स्वरूप का प्रतीक बनाता है। कविता में कवि ने बड़ी सूक्ष्मता से सामाजिक असमानताओं को भी रेखांकित किया है। बुद्धा नदी के तट पर पुल का न होना और नावों द्वारा पुल का काम लिया जाना, ग्रामीण भारत की कठिनाइयों को उकेरता है। नाव खेते माँझी के गीत और मछलियों का नृत्य इस नदी को एक सांस्कृतिक पहचान देता है, जो आधुनिकता के दबाव से अभी तक अछूती है। यह नदी उन नदियों के समान है, जिनके नाम बड़े धार्मिक संदर्भों में गूँजते नहीं हैं, लेकिन जिनके बिना जीवन असंभव है। छोटी नदियों के योगदान को बड़ी नदियों के द्वारा निगल लिया जाना, मत्स्य न्याय की अवधारणा और सहायक नदियों के महत्व को रेखांकित करते हुए कवि ने पर्यावरणीय संतुलन पर गहन टिप्पणी की है। बड़ी नदियों द्वारा छोटी नदियों को विलीन कर देने का प्रतीकात्मक उपयोग शक्तिशाली वर्ग द्वारा कमज़ोर वर्ग के शोषण की व्याख्या करता है।

कविता का सबसे प्रभावी पक्ष यह है कि यह बुद्धा नदी को न केवल भौगोलिक या पर्यावरणीय दृष्टि से, बल्कि आध्यात्मिक और भावनात्मक स्तर पर भी प्रस्तुत करती है। नदी का अहिंसक स्वभाव, बौद्ध की करुणा और शांति का द्योतक है और इसे बुद्ध द्वारा अभयदान से जोड़ना कविता को एक सांस्कृतिक गहराई प्रदान करता है। नदी के तट पर बसे साधुओं की उपस्थिति और उनके स्वप्न में नदी का आना, इसे मानवीय स्मृतियों और आस्थाओं का प्रतीक बनाता है। कविता में नदी को माँ के रूप में संबोधित करना और उसके हृदय में स्वयं को धड़कता हुआ अनुभव करना, कवि के प्रकृति के प्रति प्रेम और आत्मीयता को उजागर करता है।

पर्यावरणीय दृष्टि से यह कविता अत्यंत महत्वपूर्ण है। छोटी नदियों का संरक्षण न केवल स्थानीय समुदायों के लिए, बल्कि बड़ी नदियों और व्यापक पारिस्थितिकी

तंत्र के लिए भी आवश्यक है। बुद्धा नदी के शांत और जीवनदायिनी स्वरूप को गंगा और अन्य प्रमुख नदियों के आक्रामक और विनाशकारी पहलुओं से जोड़कर कवि ने यह संकेत दिया है कि प्रकृति का शोषण और अंधाधुंध दोहन किस प्रकार मानव और पर्यावरण दोनों के लिए घातक हो सकता है। कविता अंततः एक चेतावनी के रूप में उभरती है जिसमें यह संदेश निहित है कि हमें इन अनाम नदियों और उनके सहायक तंत्रों का सम्मान करना चाहिए, अन्यथा हम स्वयं को एक विनाशकारी भविष्य के लिए तैयार कर रहे होंगे।

'बुद्धा नदी' कविता न केवल साहित्यिक, बल्कि सामाजिक और पर्यावरणीय दृष्टि से भी एक महत्वपूर्ण दस्तावेज़ है। इसकी भाषा सरल और चित्रात्मक है जो नदी के प्रवाह की तरह ही पाठक के हृदय में गहराई से उतरती है। यह कविता हमें प्रकृति के साथ अपने संबंधों को फिर से परिभाषित करने का आग्रह करती है और जीवनदायिनी नदियों के प्रति हमारी ज़िम्मेदारियों का अहसास कराती है।

कविता वाचक्नवी की कविता 'कंधों पर सूरज' पर्यावरणीय चेतना और मानवीय भावनाओं का अद्भुत समन्वय है। उनकी कविताओं में प्रकृति, मनुष्य और सभ्यता का गहन सरोकार स्पष्ट रूप से उभरता है। वे प्रकृति से मानवीय संकट लोभ और संवेदनहीनता की ओर इशारा करती हैं।

'कंधों पर सूरज' कविता में कवयित्री कहती है : तुम पहले कंधों पर सूरज लादे होने का भ्रम छोड़ो। यह कविता मनुष्य के आत्ममुग्ध और अहंकारी स्वभाव को दर्शाती है। वह प्रकृति को मात्र एक साधन मानती है, लेकिन उसकी अनदेखी के कारण पर्यावरणीय असंतुलन उत्पन्न होता है।

'जल' कविता में कवयित्री ने व्यक्त किया है : जल जल है पर जल का नाम बदल जाता है। यह कविता जल के चिरंतन स्वरूप और उसकी महत्ता को रेखांकित करती है। कवयित्री आगे कहती है : कितने जाल डाल मछुआरे पानी से जीवन छीनेंगे और महाप्रलय में एक नाम ही शेष रहेगा जल। ये पंक्तियाँ जलसंकट मानवीय लोभ और प्रकृति के प्रति हमारी संवेदनहीनता का मार्मिक चित्रण करती हैं।

'बसेरा' कविता में कवयित्री कहती है : तिनका तिनका था छितरा गया बस उड़ जाना है अब। यह कविता उजड़ते आवास, प्रवास और मानव जीवन की अनिश्चितता का प्रतीक है। कविता वाचक्नवी यहाँ चिड़िया से विस्थापन और अस्तित्व के संघर्ष को उकेरती हैं।

'आधी फसल' कविता में कवयित्री कहती है : अधकचे टूटे यही है फल। यह कविता मानव श्रम के शोषण और प्राकृतिक संसाधनों के बँटवारे की असमानता को व्यक्त करती है। 'जितने छोड़ता है हमारे लिए उनमें आती नहीं सुगंध'—ये पंक्तियाँ मानवीय असंतोष और पूंजीवादी प्रवृत्तियों का चित्रण करती हैं।

वाचक्नवी की कविताएँ प्रतीकात्मकता और रूपकों से भरी हैं। 'कंधों पर सूरज' में सूरज अहंकार और 'जल' में पानी जीवन का प्रतीक है। उनकी भाषा सरल, प्रवाहमयी और सजीव बिंबों से युक्त है। कविताओं में लयात्मकता के साथ-साथ एक आलोचनात्मक दृष्टिकोण है जो पाठक को सोचने पर विवश करता है। उनकी कविताएँ पर्यावरणीय संकट के साथ मानवीय संवेदनाओं और चेतना का आह्वान करती हैं।

बजरंग बिश्नोई की कविताएँ 'अबाबीलें' और 'काठ की आवाज़' पर्यावरणीय चेतना की अभिव्यक्ति के अनुपम उदाहरण हैं। इनमें प्रकृति और मानवीय संवेदना के बीच गहरी अंत:क्रिया को शब्दों में ढालने का एक अनूठा कौशल दिखाई देता है। बिश्नोई की कविताएँ न केवल पर्यावरणीय विनाश के प्रति मर्मभेदी दृष्टि देती हैं, बल्कि पाठकों के भीतर एक स्थाई बेचैनी और उद्दीप्त विचार का बीजारोपण भी करती हैं।

'अबाबीलें' कविता में कवि अबाबील पक्षियों को उदासी के नक़्शानवीस के रूप में देखता है। यहाँ उदासी और प्रकृति के बीच जो सांकेतिक रिश्ता उभरता है, वह पर्यावरणीय ही नहीं, भावनात्मक और सांस्कृतिक स्तर पर भी गहराई से प्रभावित करता है। 'अदृश्य खंडहरों में बसेरा लेने गईं अबाबीलें वे आवाज़ें भी रिकॉर्ड करके ले गईं हैं'—जैसे वाक्य प्रकृति और उसके सूक्ष्मतम तत्वों को मानवीय स्मृति और अनुभव का हिस्सा बनाते हैं। कवि की यह दृष्टि प्रकृति को केवल भौतिक उपस्थिति नहीं मानती, उसके भीतर व्याप्त मूक संवादों को

भी पहचानने की कोशिश भी करती है। यहाँ बिश्नोई की कल्पना-शक्ति और पर्यावरणीय मर्म का विलक्षण संगम दिखाई देता है।

'काठ की आवाज़' कविता मानवीय हस्तक्षेप से क्षतिग्रस्त प्राकृतिक तत्वों की वेदना को शब्दों में पिरोने का प्रयास करती है। 'लंबे तने वाले देवदार और चीड़... काठ की आवाज़ पुराने दुःख की तरह ठस और दबी हुई होती है'—जैसे अंश इस बात को रेखांकित करता है कि कवि केवल प्रकृति के विनाश का वर्णन नहीं करता, उसकी अनुगूँज को मानवीय हृदय में सुनने का आह्वान भी करता है। काठ की आवाज़ों और उनकी ध्वनियों में बँधी वेदना, जो दुनिया भर के तरह-तरह के दुखों से संवाद करती है, मानवीय और प्राकृतिक पीड़ा की एकात्मकता को अभिव्यक्त करती है।

बिश्नोई की कविताओं में प्रतीकों का इस्तेमाल सूक्ष्मता और नव्यता से किया गया है। 'धुंध में डूबा हुआ रेल इंजन' और 'नीली रेलगाड़ी' जैसे बिंब, औद्योगिक प्रगति और प्राकृतिक विनाश के विरोधाभास को बड़ी सटीकता से उभारते हैं। ये कविताएँ केवल पर्यावरणीय समस्या का चित्रण नहीं करतीं, उसके प्रति पाठक के भीतर जागरूकता और ममत्व भी उत्पन्न करती हैं।

हम कह सकते हैं कि बजरंग बिश्नोई की रचनाएँ उस गहरी पीड़ा का साक्षात्कार कराती हैं, जिसने पर्यावरणीय असंतुलन के परिणामस्वरूप प्रकृति और मनुष्य के अस्तित्व को आक्रांत करने की कुचेष्टा की है। उनकी कविताओं में व्यक्त यह अंतर्दृष्टि और भावमयता उन्हें समकालीन हिंदी कविता में एक विशिष्ट स्थान प्रदान करती है।

हृदयेश मयंक की कविता 'हो न हो ओझल हो जाए ये दृश्य' पर्यावरणीय संतुलन, ग्राम्य जीवन की बदलती परिस्थितियों और मानवीय उदासीनता को गहरी संवेदना के स्तर पर अभिव्यक्त करती है। कविता के आरंभ में कवि हवाओं से निवेदन करता है :

हवाओं
आओ, चिपक जाओ मेरी छाती से
नाक और रोम रंध्रों से प्रविष्ट हो

शीतल कर दो तन, मन, प्राण

यह संबोधन मात्र शारीरिक शीतलता की आकांक्षा नहीं, बल्कि प्रकृति के सजीव संबंधों की पुनर्स्थापना है। आधुनिक युग में मनुष्य प्रकृति से दूर होता जा रहा है और उसका आत्मीय जुड़ाव समाप्त हो रहा है। कवि चाहता है कि हवाएँ उसे अपने आलिंगन में भर लें, जिससे उसकी आत्मा प्रकृति के साथ एकाकार हो सके। इसी संदर्भ में वह पेड़ों से भी संवाद करता है :

पेड़ों, सिहर उठो कि
सिहर उठे दिग्-दिगंत और झूम उठें दसों दिशाएँ

यहाँ 'पेड़ों का सिहरना' मात्र एक प्राकृतिक क्रिया नहीं, पर्यावरणीय संकट का प्रतीक भी है। जब प्रकृति भयाक्रांत होती है तो उसका प्रभाव संपूर्ण दिशाओं पर पड़ता है। कवि यह इंगित करता है कि यदि पर्यावरण असंतुलित होता है, तो इसका दुष्प्रभाव केवल वृक्षों या नदियों तक सीमित नहीं रहता, संपूर्ण सृष्टि भी उसकी प्रतिकूलता झेलती है। फसलों की प्रसन्नता और धरती का मुस्कुराना इसी क्रम में आता है :

फसलों, खिल उठो कि
खिल जाए रोम-रोम
विहँस उठे धरती का कोना-कोना

फसलें केवल कृषि उत्पादन का प्रतीक नहीं, जीवन और समृद्धि का द्योतक भी हैं। किंतु सच्चाई यह है कि खेत बंजर होते जा रहे हैं, पानी के स्रोत सूख रहे हैं और मौसम अनिश्चित हो गए हैं। यही कारण है कि कवि इस प्राकृतिक संतुलन की पुनर्बहाली की आकांक्षा रखता है। इस क्रम में वह मौसमों से भी आग्रह करता है :

मौसमों, जुड़ा दो तन, मन, रोम-रोम
अपनी मादकता से
बादलों, बरसो, मौसम की परवाह किए बिना

ये पंक्तियाँ जलवायु परिवर्तन के संकट की ओर संकेत करती हैं। पहले वर्षा ऋतु अपने निर्धारित समय पर आती थी, किंतु अब बादल अनिश्चित हो गए हैं। कभी अनावृष्टि होती है तो कभी अतिवृष्टि। कवि चाहता है कि मौसम पुनः अपनी प्राकृतिक लय प्राप्त कर लें और वर्षा अपने समय पर हो जिससे धरती की प्यास बुझ सके।

पर्यावरणीय ह्रास का सबसे बड़ा उदाहरण वृक्षों की कटाई है, जिसे कवि बूढ़े पीपल के माध्यम से चित्रित करता है :

दरवाज़े का बूढ़ा पीपल
विकास की भेंट चढ़कर भी ईंधन मुहैया करा रहा है
लोग आँच तापकर कम कर रहे हैं ठंढ की भयावहता

यह पीपल केवल एक वृक्ष नहीं, प्रकृति के प्रति मनुष्य की संवेदनहीनता का प्रतीक भी है। आधुनिक विकास के नाम पर वृक्षों की अंधाधुंध कटाई हो रही है, किंतु मरने के बाद भी वे मनुष्यों की सेवा कर रहे हैं। पीपल के माध्यम से कवि यह प्रश्न उठाता है कि क्या मनुष्य केवल उपभोग के लिए ही प्रकृति का उपयोग करता रहेगा या कभी उसके संरक्षण के प्रति भी सचेत होगा। ग्राम्य जीवन की यह पीड़ा केवल गाँवों तक सीमित नहीं, शहरों में भी इसकी गूँज सुनाई देती है; किंतु वहाँ इसकी संवेदना लुप्त होती जा रही है :

गाँव के मौसम की चर्चा गुम हो गई है
ठिठककर रह गई है चौपालों तक
शहरों में लोग दुंदुभी बजाकर जीत-हार गा रहे हैं

उपर्युक्त में दो संसारों का विरोध स्पष्ट रूप से देखा जा सकता है। गाँवों में जहाँ प्रकृति की चिंता बची हुई है, वहीं शहरों में लोग अपनी सफलता और असफलता में इतने लिप्त हो गए हैं कि पर्यावरण की ओर ध्यान ही नहीं देते। कवि स्वयं इस परिस्थिति से जूझता है और कहता है :

अबकि शायद मैं भी धूप की चादर में लिपटा
ठंढ के तापमान को बर्दाश्त तो कर रहा हूँ
पर हर नहीं पा रहा हूँ किसी की पीड़ा

यहाँ कवि की विवशता व्यक्त होती है। वह स्वयं ठंड झेल रहा है, किंतु इससे बड़ी चिंता उसे इस बात की है कि वह दूसरों की पीड़ा हर नहीं पा रहा। आधुनिक समाज में यह पीड़ा एक सार्वभौमिक सत्य बन चुकी है, जहाँ व्यक्ति स्वयं संघर्ष कर रहा है और दूसरों के दुखों से अनभिज्ञ होता जा रहा है।

कविता का समापन अत्यंत प्रभावोत्पादक और विचारोत्तेजक है :

शब्दों से ही सही
इस पीड़ा को बाँटने का मन हो आया

इसलिए सार्वजनिक रूप से ज्ञापित करना
चाहता हूँ गाँव घर की पीड़ा

हो न हो ये दृश्य ओझल हो जाए
आँखों से
इसलिए बाँधकर रख रहा हूँ

यह सिर्फ़ मेरे ही नहीं
समानांतर हर गाँव की कथा है
जिसकी अभिव्यक्ति होती रहनी चाहिए

ये पंक्तियाँ कविता के समग्र संदेश को मूर्त रूप देती हैं। यह केवल कवि की निजी अनुभूति नहीं, प्रत्येक गाँव की भी स्थिति है, जिसे व्यक्त किया जाना आवश्यक है।

हृदयेश मयंक ने इस कविता में पर्यावरणीय चेतना, ग्राम्य जीवन की दुर्दशा, आधुनिकता की विसंगतियों और मानवीय संवेदनहीनता को गहन संवेदना के साथ अभिव्यक्त किया है।

शैलीगत दृष्टि से यह कविता मुक्त छंद में रचित है, जो इसे सहज प्रवाह और स्वाभाविक अभिव्यक्ति प्रदान करता है। भाषा अत्यंत संवेदनशील और चित्रात्मक है, जिससे कविता पाठक के भीतर गहरी अनुभूति उत्पन्न करती है।

संक्षेप में, यह कविता केवल पर्यावरणीय चेतना का दस्तावेज़ नहीं, बल्कि समकालीन समाज की आत्मगत पीड़ा और उसके असहाय संघर्ष का प्रतिबिंब भी रचती है।

मिथिलेश श्रीवास्तव की कविताएँ हमारे समय और समाज के विभिन्न स्तरों को मर्मस्पर्शी रूप में उद्घाटित करती हैं। उनकी कविताएँ जीवन की ठोस वास्तविकताओं और गहरी प्रतीकात्मकता के बीच सेतु का कार्य करती हैं। 'कबूतरों को उड़ते मरते देखते हुए' में कबूतर महज़ एक पक्षी नहीं, बल्कि श्रम, संघर्ष और शांतिप्रियता का प्रतीक है। 'शांति

के दूत बने हुए' कबूतरों की यह छवि सामाजिक और राजनीतिक परिस्थितियों का गहन विमर्श प्रस्तुत करती है। कबूतरों से कवि शोषित और वंचित वर्ग की व्यथा को व्यक्त करते हुए लिखता है : अपने घोंसले तोड़ दिए जाने के बाद भी वे आना नहीं छोड़ते। यहाँ यह पंक्ति मानवीय साहस और अवज्ञा का पर्याय बन जाती है।

'मरीना तट' कविता में कवि समुद्र और सूर्यास्त के प्राकृतिक सौंदर्य से मानवीय भावनाओं और अस्तित्व के प्रश्नों की पड़ताल करता है। 'हम अस्त नहीं होना चाहते, क्योंकि हम पुनर्जन्म में विश्वास नहीं करते', यह कथन जीवन और मृत्यु की दार्शनिकता को व्यक्त करता है। मछलियों के जीवन-मृत्यु संघर्ष का वर्णन, 'खारे पानी के बग़ैर बेचैन हैं मछलियाँ'—मनुष्य और प्रकृति के बीच विस्थापन की त्रासदी को सजीव करता है। यह कविता अस्तित्व और पुनर्जन्म की जटिलताओं को सवालों के दायरे में रखते हुए समुद्र और मनुष्य के संबंध को भी गहन रूप में चित्रित करती है।

'सराय की चाभी' कविता में चाभी खो जाने का प्रतीक हमारे जीवन से जुड़ी अनिश्चितताओं और अस्थिरताओं को चित्रित करता है। कवि जब कहता है : पानी का पूरा संघर्ष अपने ही नमक के ख़िलाफ़ था। यह पंक्ति चिंतन की विशिष्टता को जन्म देती है, जहाँ नमक दुःख का पर्याय बनकर हमारे अस्तित्व के संघर्ष को स्वर देता है। रेत में धँसने और ठोस ज़मीन की तलाश के दृश्य में कवि मानवीय इच्छाओं और उनके अधूरेपन का गहन विमर्श प्रस्तुत करता है।

'मौत की घाटी' कविता समुद्र के सूखने और उसके पीछे बची नमक की विरासत को लेकर भविष्य की भयावह तस्वीर खींचती है। 'हवा नमकीन है, बहुत देर तक इस घाटी में रुकना मौत को निमंत्रण देना है'—यह वाक्य प्रकृति के विनाश की चेतावनी और मनुष्य और प्रकृति के बीच संतुलन के टूटने का सटीक चित्रण है। नमक यहाँ भूगोल का हिस्सा ही नहीं, स्मृतियों और विनाश का चिह्न भी बनकर उभरता है।

अंततः 'नमक नहीं होता' कविता में कवि समुद्र के नमक को पी जाने की कल्पना करता है, जो मनुष्य की प्रकृति के प्रति उपभोक्तावादी दृष्टिकोण का मार्मिक व्यंग्य है। 'जैसे पी गए हम नदियाँ झीलें और तालाब'—कथन मानवीय स्वार्थ और प्रकृति के दोहन की कहानी को मुखर करता है। मिथिलेश की कविताएँ शैली और शिल्प दोनों में विशिष्ट हैं। उनकी भाषा सटीक, बिंबात्मक और बहुस्तरीय है।

प्रकृति से जीवन और समाज की गहरी परतों को खोलने की उनकी क्षमता इन्हें समकालीन कविता में एक अलग पहचान देती है। उनकी कविताओं की संरचना में विषय की जटिलता और भावनात्मक गहराई का सुंदर संतुलन है। ये कविताएँ केवल पाठकीय अनुभव नहीं, चिंतन और आत्मावलोकन का निमंत्रण भी हैं।

शैलेंद्र चौहान की कविताएँ 'वन बाज़ार' और 'वन ग्राम' पर्यावरणीय असंतुलन और मानवीय लालच के दुष्प्रभावों पर गहरी टिप्पणी करती हैं। कविताएँ जंगल, ग्राम और मानव के बीच के संबंधों को प्रकृति के विनाश और उपभोक्तावादी संस्कृति के विस्तार की पृष्ठभूमि में रखकर चित्रित करती हैं। उनकी भाषा सजीव, पानीदार और मार्मिक है। 'वन बाज़ार' कविता में कवि जंगल की सुंदरता का चित्र खींचते हुए उसकी संभावित दुर्गति की आशंका व्यक्त करता है। 'बीच जंगल में छिपी हुई झील' और 'छोटे बड़े वृक्ष विभिन्न जाति प्रजाति के' जैसे वाक्यांश जंगल की प्राकृतिक सजीवता को रेखांकित करते हैं। परंतु कवि इस प्राकृतिक सौंदर्य के विनाश की बाज़ार के बढ़ते प्रभाव से जोड़ते हुए लिखता है : कौन जाने इस झील के किनारे हो अद्‌भुत बाज़ार कल। और यह सवाल उठाता है कि 'क्या बचा रहेगा जंगल?' कवि जंगल के भीतर फैलते 'इकोफ्रेंडली कंज़्यूमर सुपर मार्केट' और 'भव्य बाज़ार' का दृश्य खींचते हुए यह चेतावनी देता है कि बाज़ार का विस्तार प्रकृति का विनाश है।

'वन ग्राम' कविता में कवि एक ऐसे गाँव की दुर्दशा का चित्रण करता है जो विकास और आधुनिकता से अछूता है, परंतु अपनी परंपराओं और प्रकृति के प्रति संवेदनशील है। 'कहाँ हैं बुरांस वन, चीड़, देवदार?'—यह प्रश्न जंगल की समाप्ति और उसकी जगह उग आई झाड़ियों और तपती धरती को व्यक्त करता है। गाँव का नाम 'भिखारी' है, लेकिन न उसमें 'भिखारी हैं न भीख।' यह व्यंग्य ग्रामीण जीवन की कठिनाइयों और प्रकृति के साथ उनके अद्‌भुत सामंजस्य को व्यक्त करता है। कविता में यह उक्ति विशेष ध्यान खींचती है : मान्यता है, दृढ़ भावना भी, नहीं चीर सकते धरती माता का वक्ष। यह ग्रामीणों के प्रकृति-प्रेम और शोषण से दूर जीवनशैली को दर्शाती है।

शैलेंद्र चौहान की कविताओं का शिल्प प्रतीकात्मक और चित्रात्मक है।

जंगल, झील, बाज़ार और गाँव जैसे प्रतीकों का कुशल उपयोग उनकी कविताओं को गहराई प्रदान करता है। उनकी भाषा साधारण होते हुए भी विषय की गंभीरता को प्रभावी ढंग से संप्रेषित करती है। कविताओं में एक प्रवाह है जो पाठक को सोचने पर मजबूर करता है।

कुल मिलाकर, शैलेंद्र चौहान की ये कविताएँ न केवल पर्यावरणीय समस्याओं को रेखांकित करती हैं, बल्कि पाठकों को प्रकृति के संरक्षण और मानव लालच से बचने का संदेश भी देती हैं। उनकी कविताएँ पर्यावरणीय चेतना जागृत करने के लिए अत्यंत सशक्त माध्यम हैं।

योगेंद्र कृष्णा की कविताएँ पर्यावरणीय क्षरण, सभ्यता की निर्ममता और मानवीय अस्तित्व की जटिलताओं को बड़े ही मार्मिक और प्रभावी ढंग से प्रस्तुत करती हैं। उनकी रचनाओं में प्रकृति और मनुष्य के संबंध का एक ऐसा चित्रण मिलता है, जो न केवल संवेदनायुक्त है बल्कि चेतना और आत्मचिंतन का आह्वान भी करता है। 'थोड़ी दुआएँ' कविता में प्रदूषण और प्राकृतिक संसाधनों के दोहन के कारण उत्पन्न विषाक्तता को अत्यंत सूक्ष्मता और करुणा के साथ व्यक्त किया गया है। कवि हमारे शहरों के लहूलुहान आसमान और शीशे की मीनारों से टकराते मानव अस्तित्व की त्रासदी को रचता है। हरियाली, ठंडक और शांति की ओर लौटने की इस विनम्र प्रार्थना में प्रकृति की ओर पलायन के अनुरोध का स्वर मुखरित हुआ है, जो आधुनिक सभ्यता की सीमाओं को स्पष्ट करता है।

'नदी ने जब बादलों को पुकारा' कविता सभ्यता के विकास की उस विडंबना को प्रस्तुत करती है, जिसमें मनुष्य ने नदियों और मिट्टी के साथ अपने आदिम संबंधों को त्याग दिया। कवि ने नदी को एक जीवंत इकाई के रूप में देखा है, जो पहले सहनशीलता और प्रेम से सब कुछ स्वीकारती है, लेकिन अंततः अपनी सीमा पार होते ही सभ्यता के ख़िलाफ़ खड़ी हो जाती है। यहाँ नदी का बाँध तोड़कर घरों तक पहुँचना प्रकृति का एक उग्र उत्तर है, जो मानवीय अहंकार को चकनाचूर करता है।

'गिरना एक पेड़ का' कविता में एक बूढ़े पेड़ के गिरने से प्रकृति के साथ

किया गया अमानवीय व्यवहार और उसके परिणामों को चित्रित किया गया है। यह कविता मानवीय लालच और युद्ध के दौरान प्रकृति के विनाश को अत्यंत मार्मिकता के साथ रेखांकित करती है। पेड़ का गिरना केवल एक संरचना का ध्वस्त होना नहीं है, चिड़ियों और जीवन की असंख्य संभावनाओं का अंत भी है। इसके बावजूद वह जो राहत की साँस लेता है, वह ज़हर बन चुकी हवा की ओर इशारा करता है।

योगेंद्र कृष्णा की कविताएँ गहरे प्रतीकों और बिंबों का उपयोग करते हुए पाठक के हृदय को संवेदित करती हैं। उनकी भाषा सरल, प्रवाहपूर्ण और भावपूर्ण है, जो इन कविताओं को अत्यंत प्रभावशाली बनाती है। ये कविताएँ जहाँ एक ओर पर्यावरणीय चेतना का स्वर हैं, वहीं दूसरी ओर सभ्यता के प्रति आत्मालोचन का एक मुखर बयान भी हैं। इनकी गहराई पाठक को आत्मचिंतन और पर्यावरण के प्रति ज़िम्मेदारी उठाने के लिए प्रेरित करती है।

कैलाश मनहर की कविताएँ मनुष्य और प्रकृति के अंतर्निहित संबंधों की गहन व्याख्या करती हैं, जहाँ प्रेम, स्मृति और पर्यावरणीय चेतना का परस्पर संतुलन अत्यंत सजीव रूप में उभरता है। उनकी कविता 'पहुँच रहा हूँ मैं वहीं' प्रेम की अभिव्यक्ति से पर्यावरणीय संवेदना को अद्भुत ढंग से प्रस्तुत करती है। 'मैं किसी अमानवीय गुनाह में नहीं पकड़ा गया था, बल्कि हमारे प्रेम की स्मृतियों को जीवित रखने के गुनाह में'—जैसी पंक्तियाँ यह स्पष्ट करती हैं कि कवि के लिए प्रेम और प्रकृति एक-दूसरे से पृथक नहीं, गहनता से जुड़े हुए हैं।

कविता 'जिस पीपल के नीचे मैं चिलम खेंचा करता था'—विकास की क्रूरता और स्मृतियों के विलुप्त होने की करुणा को मार्मिकता के साथ सामने रखती है। 'फ़्लाईओवर बन चुका है मित्र! और पक्की प्याऊ की जगह टाटा मोटर्स का गैराज'—यह पंक्ति आधुनिक विकास के नाम पर हमारे सांस्कृतिक और पर्यावरणीय धरोहरों के विनाश की व्यथा को उजागर करती है। कवि का यह कथन कि 'मैं बेकार ही चिंता कर रहा हूँ कि मरता जा रहा है गाँव', समकालीन समय की बड़ी विडंबना को रेखांकित करता है, जहाँ गाड़ियों की आवाज़ों में ग्राम्य जीवन की सजीवता कहीं खो जाती है।

'हमारा गाँव' कविता में माधववेणी नदी और रामगढ़ बाँध से प्रकृति और सभ्यता के खोते हुए मूल्यों की त्रासदी को व्यक्त किया गया है। 'नदी नहीं है अब और माधववेणी शब्द भी निरर्थक-सा लगता है'—कथन केवल पर्यावरणीय संकट की ओर संकेत नहीं करता, प्रत्युत् यह भी दिखाता है कि जब प्रकृति विलुप्त हो जाती है तो उसके साथ जुड़े सांस्कृतिक और ऐतिहासिक अर्थ भी समाप्त हो जाता है।

'जाने किधर भटकते बीहड़ में मरुस्थल में' कविता पुरखों की स्मृतियों और उनकी जड़ों से जुड़ी भावनाओं का जीवंत दस्तावेज़ है। 'तेरी निर्मल धारा का जल पीकर सब ने यहीं रक्त में अपने भीतर ऊर्जा ली थी'—पंक्ति एक ऐतिहासिक गर्व को ही नहीं, वरन् उस खोई हुई जीवनधारा के प्रति श्रद्धांजलि भी है, जिसे आधुनिकता और उपभोक्तावादी दृष्टिकोण ने धीरे-धीरे विलुप्त कर दिया।

'अभी तो सिर्फ़ दो बार हुई है बारिश' कविता एक आशावादी दृष्टिकोण से प्रकृति के पुनरुद्धार की प्रतीक्षा करती है। 'चमेली के पत्ते घेर-घुमेर बनाए हैं गोलंबर पर, मोगरे में जैसे प्राण आ गए हैं'—जैसी पंक्तियाँ प्राकृतिक सजीवता का चित्रण करती हैं और यह भी संकेत करती हैं कि प्रकृति में पुनर्जीवन की अपार संभावनाएँ हैं। कैलाश मनहर की कविताएँ पाठकों को उनकी स्मृतियों, जड़ों और प्रकृति के प्रति उनके दायित्व की ओर पुनः जागरूक करती हैं।

दिविक रमेश की कविताएँ 'संविधान जड़ों का' और 'अच्छा' मानवीय मूल्य, प्रकृति और सामाजिक संरचना के बीच एक गहन संवाद स्थापित करती हैं। 'पकड़ा तो गया था, लगा था जैसे पकड़ लिया हो वृक्ष ने' से आरंभ होकर पहली कविता वृक्ष और मनुष्य के बीच की अंतर्निहित समानताओं को उद्‌घाटित करती है। वृक्ष का संवाद, 'यही बस राजनीति है वृक्ष की और उसका लोकतंत्र भी'—प्रकृति से प्रेरित एक आदर्श व्यवस्था का संकेत है, जिसमें विविधता के बावजूद समता का सिद्धांत अक्षुण्ण रहता है। जड़ों से कवि ने संविधान के मौलिक और निस्वार्थ स्वरूप को रेखांकित किया है, जो राजनीति के क्षुद्र स्वार्थों से परे समानता और समावेशिता का पोषण करती हैं। जड़ों की यह अवधारणा वृक्ष की स्थिरता का प्रतीक है और एक ऐसी सामाजिक संरचना

की आकांक्षा भी है जो हर वंचित को स्थान देती हो।

दूसरी कविता 'अच्छा' वृक्ष की उदारता और निःस्वार्थ सेवा को दर्शाती है। 'नहीं चाहता वृक्ष देना कान तक उस ओर जहाँ से आ रही होती हैं आवाज़ें—इन्हें दो, इन्हें मत दो'—यह पंक्ति मनुष्यता की उस गहरी समस्या को इंगित करती है जहाँ भेदभाव और स्वार्थ का बोलबाला है। कवि का वृक्ष हर प्राणी के लिए फल देने की आकांक्षा रखता है और भूख को केवल भौतिक आवश्यकता नहीं, बल्कि प्राणवत्ता का अभिन्न अंग मानता है। 'देना चाहता है फल हर प्राणी को, करना चाहता है फलीभूत हर प्राणी को,—के संकेत से कवि ने वृक्ष की उदारता को एक सार्वभौमिक नैतिकता का रूप दिया है, जो किसी भी कटु विभाजन को नकारती है।

दोनों कविताओं में वृक्ष एक सजीव प्रतीक के रूप में उभरता है, जो संवेदनशीलता, समता और संतुलन का संदेश देता है। कविताओं की भाषा सरल होते हुए भी गहन दार्शनिक विचार प्रस्तुत करती है। रमेश का काव्य अपनी विचारशीलता से पाठकों को भीतर तक प्रभावित करता है और उन्हें प्रकृति और समाज के बीच संबंधों को नए सिरे से समझने के लिए प्रेरित करता है।

डॉ. भरत प्रसाद ने पर्यावरणीय कविताएँ नदियों, विशेषकर गंगा को केंद्र में रखकर लिखा है। इन कविताओं में पर्यावरणीय चिंता, सांस्कृतिक विडंबना और मानवीय मूल्यों के गहरे प्रश्न उठाए गए हैं। कविताओं का यह संसार भावनात्मक, सांस्कृतिक और दार्शनिक स्तर पर गहन पड़ताल करता है। यहाँ गंगा भारतीय सभ्यता, संस्कृति और मानवीय संवेदनाओं की प्रतीक के रूप में उभरती है। कविताओं में गंगा को एक जीवंत चरित्र की तरह प्रस्तुत किया गया है, जो मनुष्य और प्रकृति के बीच के जटिल संबंधों को उजागर करती है।

कविता गंगा का बनारस में गंगा की वर्तमान स्थिति को करुणा-भरी आवाज़ के साथ चित्रित किया गया है। यह कविता गंगा के प्रदूषण और मानवीय उपेक्षा की हृदयविदारक तस्वीर पेश करती है। 'अँचरा पसार कर प्राण की भीख माँगती'—जैसी पंक्तियाँ गंगा की असहायता और पीड़ा को स्पष्ट रूप से दर्शाती हैं। कविता मनुष्य के पाखंड को उजागर करती है, जो गंगा को माँ कहते हुए भी उसे मौत

की कगार पर पहुँचा देता है। 'गंगा के लिए बनारस चार दिन भी जी लेता'—जैसी पंक्तियाँ गंगा और बनारस के ऐतिहासिक-सांस्कृतिक संबंधों की विडंबना को गहराई से उकेरती हैं। यह कविता पाठक को आत्मचिंतन और अपने कर्तव्यों का मूल्यांकन करने को प्रेरित करती है।

'गंगा नदी का श्राद्धकर्म' कविता गंगा के साथ मानवीय व्यवहार की क्रूर आलोचना करती है। गंगा को श्रद्धा और उपासना का प्रतीक मानकर भी उसके साथ किए जा रहे अमानवीय व्यवहार पर यह कविता व्यंग्य करती है। 'मारो गंगा को, पीटो गंगा को'—जैसी पंक्तियाँ मानवीय आचरण की क्रूरता को नग्न रूप में सामने रखती हैं। गंगा की आत्मा की चीख़-पुकार को अनसुना करने की हमारी प्रवृत्ति और 'गंगा बूढ़ी हो चुकी है, एक दिन मुर्दा हो जाएगी'—जैसी पंक्तियाँ हमारे समय के सबसे बड़े पर्यावरणीय संकट को उजागर करती हैं। यह कविता गंगा की मृत्यु की संभावना के साथ पाठक को व्यग्र करती है।

'गंगा @ 2025' भविष्य की ओर संकेत करती है, जहाँ गंगा का अस्तित्व समाप्त हो चुका है। कविता मानवीय प्रयासों और वादों की विफलता पर कटाक्ष करती है। 'हमने बड़े-बड़े नारे लगाए... मगर यह क्या? नए-नए घाव बन गए गहरे'—जैसी पंक्तियाँ हमारी अक्षम्य आदतों और झूठे वादों को उजागर करती हैं। यह कविता एक चेतावनी है कि यदि हमने समय रहते गंगा और अन्य नदियों को बचाने के लिए ठोस क़दम नहीं उठाए तो परिणाम हमारी कल्पना से भी अधिक भयानक होंगे। 'माँ कहलाने वाली सदियों से नदी की लाश फैली है'—जैसी पंक्तियाँ गंगा के सांस्कृतिक महत्व और उसके साथ हो रहे अन्याय के बीच की विडंबना को दर्शाती हैं।

'अनाम नदियों का निनाद' कविता गंगा की सीमाओं से परे अनाम नदियों की आवाज़ को सामने लाती है। 'हर बेज़ुबान की तरह नदियों की भाषा होती है'—जैसी पंक्तियाँ प्रकृति और मानवीय संवेदनाओं के बीच गहरे संबंधों को उजागर करती हैं। इस कविता में नदियों को एक मानवीय साथी के रूप में देखा गया है। कविता का दार्शनिक पक्ष इसे अन्य कविताओं से अलगाता है। नदी यहाँ केवल जल का स्रोत नहीं है, यह कल्पना, अश्रुपाठ और सृजन की प्रतीक भी है। यह कविता पाठक को अपने अस्तित्व के भीतर झाँकने और प्रकृति से अपने संबंधों को पुनः परिभाषित करने की प्रेरणा देती है।

'तुम्हारी गोद में नदी' कविता नदियों की मातृत्व भूमिका को रेखांकित करती है। 'तुम्हारे इतिहास में ख़ुद को खोकर ही जान पाया अपने मनुष्य होने का अर्थ'—जैसी पंक्तियाँ गहरी भावनात्मक और दार्शनिक दृष्टि से लिखी गई हैं। यह कविता नदी और मनुष्य के संबंधों की गहराई को छूती है। यहाँ नदी को केवल जलस्रोत नहीं, मनुष्य के अस्तित्व और मुक्ति का माध्यम बताया गया है। 'जहाँ से धरती स्त्री बनना शुरू होती है'—जैसी पंक्तियाँ कविता को एक गहरी नारीवादी और सृजनात्मक दृष्टि प्रदान करती हैं।

डॉ. भरत प्रसाद की ये कविताएँ नदियों से पर्यावरण, संस्कृति और मानवीय मूल्यों की गहरी पड़ताल करती हैं। कविताओं में एक ओर गंगा की आत्मा का दर्द है तो दूसरी ओर मनुष्यों की संवेदनहीनता की कठोर आलोचना। इन कविताओं की भाषा सरल, प्रवाहमयी और भावनाओं से ओतप्रोत है। प्रतीकात्मकता और रूपकों का सटीक उपयोग कविताओं को गहराई देता है। 'धरती स्त्री बनना शुरू होती है'—जैसी पंक्तियाँ कवि की कल्पना और संवेदना से आत्मसात कराती हैं। ये कविताएँ हमारे समय के सबसे महत्वपूर्ण विषय 'प्रकृति और उसके संरक्षण' पर ध्यान केंद्रित करती हैं और पाठक को आत्मावलोकन के लिए प्रेरित करती हैं।

महेन्द्र नेह की कविता 'इन दिनों शत्रु-शिविर' सभ्यता और आधुनिकता की आड़ में छिपे उस भयावह सच को गहराई से प्रस्तुत करती है, जो मनुष्य और प्रकृति के सह-अस्तित्व पर प्रहार करता है। कविता का आरंभ मानवीय भटकाव की उस दारुण अनुभूति से होता है, जो शोषित और पीड़ित वर्ग की विडंबनाओं को उभारता है। 'मैं अब तक / आदमियों के जंगल में ही / तलाशता रहा मुक्ति के रास्ते / और भटकता रहा ता-उम्र।'—यह पंक्ति मानवीय जीवन की जटिलता और अस्तित्व की निरंतर तलाश को सहजता से शब्दों में ढालती है।

शत्रु का स्वरूप यहाँ बहुआयामी और छलपूर्ण है। वह केवल बाहरी दुश्मन नहीं, बल्कि एक छद्म नायक है, जो 'विकास, उन्नति, सेवा और परोपकार' जैसे मोहक शब्दों से मनुष्य को फँसाता है। कविता का ये वाक्य, 'शत्रु / बेहद धूर्त और चालाक था / समूची दुनिया के खूँ-ख़्वार हत्यारों से / सीखे थे उसने क़त्लेआम के

गुर'—उस यथार्थ को सामने लाता है, जो सभ्यता के नाम पर हिंसा को औचित्य प्रदान करता है।

प्रकृति और उसकी आत्मा को बचाने का संघर्ष जो आदिवासी समाज का हृदय है, कविता में बड़ी मर्मस्पर्शी चित्रात्मकता से उभरता है। 'जहाँ एक समय हिरण, बारहसिंघे, चीतल / और सिंह-शावक कुलांचे भरते थे' से लेकर 'झरनों की अजस्त्र धाराएँ' तक के दृश्य प्रकृति की उस जीवनदायिनी छवि को जीवंत कर देता है, जिसे शत्रु अपने आधुनिक अश्वमेध यज्ञ के लिए नष्ट करने पर आमादा है। कवि यहाँ मानवीय लालसा और प्रकृति के सौंदर्य के बीच का टकराव प्रकट करता है, जो भौतिक और आध्यात्मिक, दोनों तरह की हानि की ओर भी संकेत करता है।

कविता की संवेदना विस्थापितों के पक्ष में खड़ी होती है : जंगल को ही समझा अपना देश, अपनी दुनिया और अपनी ओढ़नी और अपना बिछावन। इन पंक्तियों में आदिवासी समाज के संघर्ष और उनके जीवन दर्शन की गहराई स्पष्ट होती है। शत्रु-शिविर केवल भौतिक विनाश तक सीमित नहीं है; वह उनकी जिजीविषा, उनके गीत, उनके नृत्य और उनकी स्वतंत्र चेतना को भी मिटाने की चेष्टा करता है।

कविता का कथ्य और शिल्प दोनों ही पाठक को भीतर तक प्रकंपित करने का सामर्थ्य रखता है। नेह की काव्य-भाषा गंभीर, चित्रात्मक और चिंतनशील है, जो हर पंक्ति में मर्म को उद्दीप्त करती है। शत्रु का यह चित्रण केवल एक चेतावनी नहीं, आधुनिक समाज के लिए एक ऐसा दर्पण भी है, जो उसके अपने विनाशकारी क़दमों को उजागर करता है।

अरुण शीतांश की कविताएँ मानव जीवन और प्रकृति के गहरे अंतर्संबंध को जीवन के तात्त्विक सत्य के साथ प्रस्तुत करती हैं। 'अमृतवाणी' कविता में कवि की दृष्टि जीवन के उन तत्वों की ओर उन्मुख हैं, जो परस्पर निर्भरता का प्रतीक हैं। 'आँखों को पानी चाहिए, पानी को धरती और आकाश'—जैसी पंक्तियाँ जीवन के मूलभूत तत्वों की एकरूपता और उनके अस्तित्व के संबंध को दर्शाती हैं। कवि का चिंतन गहरी दार्शनिकता से युक्त है, जो हमें हमारी इच्छाओं और उनकी अप्रत्यक्षता पर विचार करने को प्रेरित करता है। 'हमें कुछ ही चाहिए, क्यों चाहिए, पता नहीं'—यह पंक्ति मनुष्य की असीमित

इच्छाओं और उनके अर्थहीन विस्तार की एक गहरी व्याख्या प्रस्तुत करती है।

'अमरुद' कविता में कवि जीवन की सीमाओं और उसकी अनिश्चितताओं को अभिव्यक्त करता है। 'बहुत सारे पेड़ फल नहीं देते, बहुत सारी औरतें बच्चे को जन्म नहीं देतीं'—जैसी पंक्तियाँ जीवन की अपूर्णता और संभावनाओं के खोने का संकेत देती हैं। कविता मानवीय रचनात्मकता और उसके सीमित होने की वास्तविकता को भी उजागर करती है, जैसा कि कवि स्वीकारता है, 'उसी तरह हमेशा नहीं लिख पाता अच्छी कविता'—स्वीकारोक्ति कवि की सादगी और आत्ममंथन का परिचायक है।

'मेरा दिल' में कवि ने घर, दिल, आत्मा और प्रकृति के बीच एक सामंजस्य स्थापित किया है। 'हवा नहीं होगी तो बर्फ़ कहाँ से होगी'—यह जीवन की परस्पर निर्भरता को प्रकृति के प्रतीकों से व्यक्त करती है। घर और दिल का संबंध मनुष्य की भावनात्मक जड़ों को प्रकृति से जोड़ता है। कवि का यह भाव कि 'हमारा घर होगा, हवा होगी', मानव अस्तित्व और प्रकृति के सहजीवी स्वरूप को रेखांकित करता है।

'बाग़ उजड़ गए' कविता में कवि बग़ीचे से जीवन के उन खोए हुए क्षणों को खोजता है, जो अतीत की स्मृतियों में बचे हुए हैं। 'बग़िया के मालिक साधु बाबा मर गए, उस दिन मैं भी थोड़ा मरा था'—पंक्ति जीवन की क्षणभंगुरता और उससे जुड़ी स्मृतियों के गहरे प्रभाव को व्यक्त करती है। कवि का आह्वान 'कोई लाकर दो मेरी फुलवारी' अतीत की समृद्धि और प्रकृति के प्रति नई पीढ़ी की संवेदनहीनता को इंगित करता है। अरुण शीतांश की कविताएँ समय, स्थान और स्मृतियों के बीच यात्रा करती हैं, जो पाठक को प्रकृति, जीवन और मनुष्य की गहराइयों में उतरने का अवसर प्रदान करती हैं।

मोहन कुमार डहेरिया की कविताएँ समकालीन समाज और पर्यावरण के जटिल संबंधों की मार्मिक पड़ताल करती हैं। उनकी कविताओं में मानवीय प्रवृत्तियों की आलोचना और प्रकृति के प्रति हमारी उदासीनता और हिंसक हस्तक्षेप का भी मर्मस्पर्शी चित्रण है।

'त्यौहार' कविता आधुनिक उत्सवधर्मिता पर एक कटु टिप्पणी है जो मानवीय

अतिरेक और पर्यावरणीय संतुलन के विघटन को रेखांकित करती है। यह कविता त्यौहारों के बदलते स्वरूप और उनके दुष्प्रभावों को एक व्यापक परिप्रेक्ष्य में रखती है। कवि यह दिखाने में सफल होता है कि कैसे आधुनिक उत्सव मानवीय रिश्तों में दरार पैदा कर रहे हैं और पशु-पक्षियों और पूरे प्राकृतिक तंत्र को भी हानि पहुँचा रहे हैं। कविता के बिंब और प्रतीक, जैसे 'संस्कृति की बंदूक़' और 'गोली-सी दिख रही ख़ुशी', गहरे कटाक्ष के साथ मानवीय क्रूरता को व्यक्त करते हैं। प्रकृति के बिगड़ते स्वरूप का मार्मिक वर्णन, जैसे 'शेरनी की विकृत घ्राणशक्ति और पक्षियों की व्याकुलता' कविता को केवल एक आलोचना न बनाकर पर्यावरणीय चेतना का उद्घोष बनाता है।

'इस परिंदे को उड़ाओ' कविता पक्षी के प्रतीक से मनुष्य की खोई हुई स्वतंत्रता और अवसादग्रस्त स्थिति का रूपकात्मक चित्रण करती है। यहाँ पक्षी अपने मूल स्वभाव को भूल चुका है, जो आज के मानव जीवन की घुटन और मानसिक संघर्षों का प्रतीक है। पिंजरे का 'सहज सुलभ भोजन' और 'पंखों की फड़फड़ाहट की कला' भूल जाने का संकेत हमारी सुविधा-प्रधान मानसिकता और क्षमताओं के क्षरण की गहरी पड़ताल करता है। कवि ने इस पक्षी के ज़रिए मनुष्य के भीतर छिपी दुविधा और असहायता का सूक्ष्म और प्रभावशाली चित्रण किया है। डहेरिया जी की कविताओं की भाषा में काव्यात्मक प्रवाह के साथ-साथ आलोचनात्मक तीव्रता भी है। उनके बिंब जीवंत और संवेदनशील हैं जो पाठक को गहरे आत्मावलोकन के लिए प्रेरित करता है। उनकी कविताएँ केवल पर्यावरणीय चिंता तक सीमित नहीं रहतीं, मानवीय व्यवहार और उसकी दिशा पर भी गहरी दृष्टि डालती हैं।

राजेंद्र नागदेव की कविताएँ पर्यावरण के विनाश और मानवीय संवेदनहीनता का मार्मिक चित्रण हैं। उनकी कविताएँ प्रकृति में मनुष्य के बढ़ते हस्तक्षेप और उसके दुष्परिणामों को बख़ूबी प्रकट करती हैं।

'इस साल वह नहीं आई' कविता में कवि काले-नीले चमकीले पंखों वाली चिड़िया से पर्यावरणीय असंतुलन का चित्र खींचता है। कवि कहता है : कटे

होंगे कुछ और पेड़, सूखी होंगी कुछ और नदियाँ। यह पंक्ति सचेष्ट करती है कि चिड़िया का न आना सिर्फ़ एक जीव का ग़ायब होना नहीं, बल्कि व्यापक पर्यावरणीय संकट का प्रतीक है। कवि की पत्नी द्वारा तार पर गीले कपड़ों के बीच चिड़िया के लिए जगह छोड़ना मनुष्य के पश्चाताप और प्रतीक्षा को व्यक्त करता है। यह प्रतीक्षा प्रकृति की ओर लौटने की अनकही लालसा को व्यक्त करती है।

'एक पेड़ कहीं टूटा' कविता में कवि एक पेड़ के टूटने से उपजे व्यापक प्रभावों का बारीकी से मनन करता है। 'पक्षी बेघर हो गए', 'चींटियाँ, गिलहरियाँ, मकोड़े अनाथ हो गए' और 'बंदरों की बस्ती उजड़ गई,—जैसी पंक्तियाँ इस बात को रेखांकित करती हैं कि पेड़ सिर्फ़ प्रकृति का हिस्सा नहीं है, पूरी पारिस्थितिकी का केंद्र भी हैं। कवि कहता है : पेड़ का टूटना तो फिर बड़ी दुर्घटना है। यह पंक्ति प्रकृति की हर छोटी घटना के बड़े परिणामों को समझने की आवश्यकता पर बल देती है।

कविता का एक और महत्वपूर्ण भाग वह है, जहाँ कवि कहता है : आदमी ने गिरा दिया पेड़... आदमी ने सूखे की अगवानी में बिछा दिया लाल गलीचा। यह मानवीय लोभ और स्वार्थ के कारण प्रकृति के साथ किए जा रहे हिंसक बर्ताव का कड़ा आरोप है।

राजेंद्र नागदेव की कविताओं का शिल्प अत्यंत संश्लिष्ट और सगुंफित है। उनकी भाषा सरल होते हुए भी पाठक पर तीक्ष्ण प्रभाव डालती है। प्रतीकों और रूपकों का प्रयोग उनकी कविताओं को गहराई और अर्थ प्रदान करता है। 'चिड़िया', 'पेड़' और 'बंदर' जैसे प्रतीक कविता को व्यापक अर्थवत्ता देते हैं। उनकी कविताओं में प्रवाह, लय और एकात्मकता स्पष्ट रूप से परिलक्षित होती है, जो पाठक को कविता में गहरे डूबने पर विवश करती है।

कुल मिलाकर राजेंद्र नागदेव की कविताएँ पर्यावरणीय चेतना को झंकृत करने वाली हैं। वह न केवल पर्यावरणीय समस्याओं की पहचान करती हैं, बल्कि मानवीय संवेदनाओं को जागृत करने का भी प्रयास करती हैं। उनकी कविताएँ प्रकृति और मनुष्य के बीच के टूटते संतुलन पर एक गंभीर चिंतन प्रस्तुत करती हैं।

भास्कर चौधुरी समकालीन कविता के बीसवीं सदी के अंतिम दशक और इक्कसवीं सदी के महत्वपूर्ण युवा कवि हैं। इनकी पर्यावरणीय कविताएँ मनुष्य, प्रकृति और आधुनिकता के टकराव से उद्‌भूत होती हैं और उसके तनाव को गहराई से उकेरती हैं। कविताओं में प्रकृति के प्रति प्रेम और उसकी दुर्दशा के प्रति आक्रोश स्पष्ट रूप से प्रकट होता है।

'गौरैया' में कवि कहता है : गौरैया वहीं रहते थे /जहाँ मनुष्य / अब सिर्फ़ मनुष्य हैं / कहाँ है गौरैया?—ये पंक्तियाँ गौरैया के विलुप्त होने की त्रासदी को मानवीय स्वार्थ और लालच से जोड़ती हैं। कवि इस संकट के प्रति चिंता प्रकट करता है, लेकिन साथ ही आशा भी व्यक्त करता है : मुझे उम्मीद है / एक दिन ज़रूर लौटेंगी गौरैया। अपनी एक कविता 'इन दिनों' में कवि आधुनिकता की आड़ में प्रकृति के ह्रास और आदिवासी समुदाय की पीड़ा को गहराई से चित्रित करता है। कवि लिखता है : इन दिनों / जब देश तरक़्क़ी की राह पर है / तेज़ी से घट रहे हैं / जंगल / आदिवासी और / धान के खेत!—इस विडंबना को विकास के नाम पर प्रकृति और मानवता के नुक़सान की तीखी आलोचना के रूप में व्यक्त किया गया है।

कविता 'नदी' में कवि शोषण और प्रदूषण के दुष्परिणामों को उजागर करता है। 'वे निगल गए नदी को साबुत / और अब उगल रहे हैं / पानी मिली राख।'—इसमें मानवीय लालच के कारण प्रकृति के क्षरण की भयावहता दृष्टिगत होती है। एक दूसरी कविता 'आदिवासी' कविता में कवि आदिवासियों के प्रति हो रहे अन्याय और षड्यंत्र को व्यक्त करता है। वह लिखता है : तुम्हारे ख़िलाफ़ हो रही है साज़िश / तुम्हें नक्सली और नक्सलियों को / आदिवासी समझ लिया गया है। —यह आदिवासियों की दुर्दशा और उनकी पहचान को मिटाने के कुत्सित प्रयासों की गंभीर भर्त्सना करती हैं।

भास्कर चौधुरी की कविताओं का शैली-शिल्प सहज, प्रवाहमय और सजीव है। उनकी भाषा सरल लेकिन अत्यंत संश्लिष्ट है। 'गौरैया' और 'जड़ें' जैसी कविताओं में प्रतीकों का प्रयोग अद्‌भुत है। 'गौरैया' विलुप्त प्रजातियों का प्रतीक है, जबकि 'जड़ें' विस्थापन और संबंधों के क्षरण को व्यक्त करती है। कविताओं में बिंबात्मकता का प्रभावी उपयोग किया गया है, जैसे : धरती के गालों पर मलने

के लिए राख। यह पाठक के मस्तिष्क में सजीव चित्र उकेरती हैं। कवि की दृष्टि साफ़, स्पष्ट और मानवीय है जो उनकी कविताओं को विशिष्टता प्रदान करती है।

अशोक सिंह झारखंड से समकालीन कविता के बीसवीं सदी के अंतिम दशक और इक्कीसवीं सदी के महत्वपूर्ण युवा कवि हैं। अशोक सिंह की कविताएँ 'पहाड़' और 'पेड़' पर्यावरणीय चेतना और मानवीय संवेदनाओं का गहरा चित्रण हैं। ये कविताएँ न केवल प्रकृति सौंदर्य का उद्‌घाटन करती हैं, बल्कि मनुष्य और प्रकृति के बीच के जटिल संबंधों की विडंबनाओं की भी पड़ताल करती हैं। कवि कहता है : पहाड़ तो बस पहाड़ है, पहाड़ से जुड़े लोग अलग-अलग हैं, सबका अपना-अपना नज़रिया है।—इस पंक्ति में पहाड़ के प्रति मानवीय दृष्टिकोण की विविधता को रेखांकित किया गया है। कोई पहाड़ से शांति की तलाश करता है तो कोई उसे तोड़ता-खोदता है। 'कोई आता है दुनिया की भागदौड़ से थक-हारकर पहाड़ की शरण में, कोई उसकी ओट में छुपकर बनाता है योजनाएँ दुनिया को अशांत करने की।'—यह मानवीय प्रवृत्तियों की विरोधाभासी स्थितियों का प्रतिनिधित्व करती है। पहाड़ केवल प्रकृति की अमूल्य रचना नहीं है, मानवीय अस्तित्व का रक्षक भी है। कवि कहता है : इतिहास साक्षी है, पहाड़ सदियों से रहा है हमारा रक्षक, अफ़सोस आज दूर-दूर तक कहीं कोई उसका रक्षक दिखाई नहीं पड़ता। कवि यहाँ मनुष्य के स्वार्थ और पर्यावरण के प्रति उदासीनता को खोलकर रख देता है।

उसी प्रकार पेड़ पर लिखते हुए कवि कहता है : पेड़ों का कहीं कोई घर नहीं होता/ बल्कि पेड़ होता है स्वयं एक घर।—यह पंक्ति पेड़ों की निस्वार्थता और उनके जीवनदायी रूप को प्रतिबिंबित करती है। कवि ने पेड़ों को एक संवेदनशील प्राणी के रूप में चित्रित किया है, जो बिना किसी भेदभाव के सबको फल-फूल, छाया और जीवन प्रदान करता है। पेड़ों की पीड़ा को कवि बड़े मार्मिक ढंग से व्यक्त करता है : पेड़ डरता है /आदमी के भीतर पनप रहे सैकड़ों कुल्हाड़ियों से।—यह पंक्ति मनुष्य की विनाशकारी प्रवृत्ति की ओर इशारा करती है और पेड़ों की असहायता को भी दर्शाती है। कवि कहता है : पेड़ आत्मकथा लिखना चाहता हैं / बयान देना चाहता हैं / आदमी की अदालत में।—यह पंक्ति प्रकृति के शोषण

और उसके प्रति मनुष्य की संवेदनहीनता को प्रदर्शित करती है। इन कविताओं की भाषा अत्यंत सहज, किंतु शिल्प सघन और संश्लिष्ट है। कवि सरल, लेकिन एक पानी की तरह बहने वाली भाषा में पेड़ों के दुख को व्यक्त करता है। 'पहाड़ रोता है, पहाड़ गाता है/ हँसता है पहाड़'—जैसी पंक्तियाँ मानवीकरण का उत्कृष्ट उदाहरण हैं। कविताओं में बिंबात्मकता, प्रतीकात्मकता और संवेदनशीलता का अद्भुत मेल है। कवि इन कविताओं से पर्यावरणीय संकट और मनुष्य की स्वार्थपरता पर सवाल उठाता है। कविताएँ हमें यह सोचने पर मजबूर करती हैं कि अगर हम पेड़ या पहाड़ होते, तो हम पर क्या बीतती? ये कविताएँ न केवल साहित्यिक दृष्टि से उत्कृष्ट हैं, बल्कि हमें प्रकृति के प्रति अपनी ज़िम्मेदारी का अहसास भी कराती हैं।

अनिता मंडा की कविता 'पानी' नदियों के बहुविध स्वरूपों और उनसे जुड़े मानवीय अनुभवों की गहन अभिव्यक्ति है। 'मैं रेगिस्तान से आई लड़की' से कवयित्री जल के अभाव और उसकी प्यास को व्यक्त करती है, जो उनके अस्तित्व का केंद्रीय बिंदु बनता है। बाण-गंगा, गंगा, व्यास और नर्मदा के संदर्भ में नदियों की विविधता, उनकी गतिशीलता और सांस्कृतिक महत्व को मार्मिकता से चित्रित किया गया है।

कवयित्री नर्मदा की त्रासदी को आधुनिकता के दुष्प्रभावों के प्रतीक के रूप में प्रस्तुत करती है, जहाँ 'मोटर बोट्स से धुँएला बदन' और 'चिड़िया उड़ रही थी चोंच भर पानी लेकर' जैसे वाक्य जल संकट की भयावहता व्यक्त करते हैं। अंततः, 'प्यासी नदियाँ जानती हैं प्यास को बेहतर' पंक्ति में नदियों के मर्म को प्रकृति और मानव के बीच टूटते रिश्ते के रूपक के रूप में दर्शाया गया है। कविता संवेदना और गहराई में अनुपम है।

मीता दास की कविताएँ हमारे समय के ग्रामीण जीवन, प्रकृति, मौसम और समाज के गहन द्वंद्व को अत्यंत मार्मिकता से व्यक्त करती हैं। इन कविताओं में बदलते मौसम के चित्रण के साथ मनुष्य और प्रकृति के जटिल संबंधों को पंक्ति-पंक्ति में ध्वनित किया गया है। 'उदास है

आकाश' कविता में कवयित्री का यह कथन 'मन रोता है, तुझे ढूँढ़ता है' मनुष्य के भीतर प्रकृति से टूटते तादात्म्य का सजीव चित्रण है। कवयित्री की यह उदासी केवल व्यक्तिगत नहीं, सार्वभौमिक भी है, जहाँ बादल और बारिश भी ठगुआ बनकर प्रकृति के अनंत चक्र को भंग करते प्रतीत होता है।

'आषाढ़ की शाम' कविता में आषाढ़ के विनाशकारी रूप का वर्णन करते हुए कवयित्री जब कहती है, 'आज सुबह मुझे नज़र आया ज़मीन पर उस पाखी का बिखरा भीगा नीड़', तो यह न केवल एक पाखी की त्रासदी है, बल्कि पूरे पर्यावरण के असंतुलन की करुण गाथा है। आषाढ़ की झमाझम बारिश में सुख और दुःख का यह द्वैत संवेदित के बजाय उसे भीतर तक भेदकर व्यथित कर देता है।

'मैं तुम्हारा चातक... कृषक' कविता प्रकृति के प्रति किसान के अटूट प्रेम और उसके संघर्ष को उजागर करती है। 'ओ मेघ, मैं तुम्हारा चातक... कृषक' में कवयित्री किसान को चातक पक्षी के रूप में देखती है, जो अपनी प्यास बुझाने के लिए मेघों का इंतज़ार करता है। जलाशय के सूखने और बच्चों की ख़ुशी के लिए सावन की आस लगाए किसान की यह पुकार, खेतों में सौंधी गंध की महक और उस गंध से कवयित्री की तृण-तृण में प्रकृति की खोज, हमारे समाज के कृषक वर्ग की व्यथा का जीवंत चित्र प्रस्तुत करती है।

'बरसात का अपना गणतंत्र' कविता में कवयित्री बरसात की बूँदों के साथ इश्क़ की हरियाली और हिंसा का विद्रूप चित्र साथ-साथ खींचती है। 'आज गणतंत्र दिवस है, बरसात का अपना ही गणतंत्र है' पंक्तियाँ लोकतंत्र और प्रकृति के परस्पर विरोधाभास को उद्घाटित करती हैं। नाज़ुक-सी लड़की की त्रासदी, अस्पतालों में शिशुओं की मौत और सत्ता का क्रूर उपहास कवयित्री की गहरी संवेदना को जनमाध्यम से चित्रित करते हैं।

अंततः 'किसान तुम खड़े हो खेतों में बिजूका बन' कविता में कवयित्री एक कृषक के अस्तित्व को बिजूका से जोड़ती है। 'तुम्हारे जुड़े हुए दोनों हाथों में कितनी ममता, कितना वात्सल्य होता है'—यह कथन कृषक के तप और उसकी उदात्तता को उजागर करता है। बाँसुरी की तान पर झूमते किसान और राधे का संवाद मानव और प्रकृति के बीच प्रेम और सामंजस्य का उदाहरण प्रस्तुत करता है। मीता दास की कविताएँ हमारे समय का जीवंत दस्तावेज़ हैं, जो पाठक को विचार और संवेदना की नई दिशाएँ देती हैं।

केशव शरण की कविताएँ 'बुलबुले और बुलबुलें' तथा 'ग़ज़ब हाल है' हमारे समय की प्रकृति-विरोधी प्रवृत्तियों और मानवीय समाज के नैतिक क्षरण को काव्यात्मक संवेदना से व्यक्त करती हैं। पहली कविता में 'यह प्रकृति की व्यवस्था है / पेड़ों की बुलबुलों के लिए' जैसे वाक्य प्रकृति और मानव-निर्मित व्यवस्था के बीच के विरोधाभास को गहराई से उकेरता है। यहाँ कवि आदिवासी जीवन के सह-अस्तित्व की भावना को सामने रखता है, वहीं शहरी जीवन की कृत्रिमता को प्रकट करता है, जहाँ 'पिंजरों में बंद हैं बुलबुलें / और व्यवस्था से बाहर है प्रकृति।' जैसा विरोधाभास हमारी पर्यावरणीय असंवेदनशीलता को दिखाता है और हमारी चेतना पर भी एक गंभीर प्रश्न खड़ा करता है।

दूसरी कविता 'ग़ज़ब हाल है' में कवि मानवीय सभ्यता के विस्थापन को धरती की पीड़ा के रूप में व्यक्त करता है। 'इस ज़मीन के अंदर / जड़ों का महाजाल है' पंक्तियाँ गहरी सांकेतिकता से भरी हैं, जहाँ जड़ें हमारी सांस्कृतिक और भावनात्मक विरासत की भी प्रतीक हैं। कवि का यह कथन कि 'गाँव का हिस्सा रही यह ज़मीन / अब गाँव नहीं है' आधुनिक विकास के अंधाधुंध विस्तार की त्रासदी को उद्घाटित करता है।

दोनों कविताएँ अपनी प्रतीकात्मकता और गहन मर्म से पाठक को आत्म-परीक्षण की ओर प्रेरित करती हैं। केशव शरण की शैली सरल होते हुए भी चिंतनशील है और उनका यह काव्य-संसार पाठक को सभ्यता और प्रकृति के बीच बिगड़ते संतुलन पर सोचने के लिए विवश करता है।

डॉ. हरि जोशी की कविताएँ जीवन, प्रकृति और मानवीय प्रवृत्तियों के अद्वितीय चित्रण का उदाहरण हैं। 'उज्जैन की पवित्र शिप्रा' में शिप्रा नदी को मानव सभ्यता की सहनशीलता और प्रकृति के त्याग को प्रतीक बनाकर प्रस्तुत किया गया है। 'शोषण धुलाई धूप सब सहती रही शिप्रा'—यह पंक्ति शिप्रा की मौन स्वीकृति और उसके दायित्वबोध को उजागर करती है। नदी की व्यथा और उसका मौन संघर्ष, जो 'सकल यात्रा व्यथा कहती

रही' में प्रकट होता है, मानवीय स्वार्थ और प्रकृति के अंतर्संबंधों को गहराई से व्यक्त करता है।

'फूल की सुगंध' में गुलाब से जीवन की सार्थकता, त्याग और पुनर्जन्म का अद्भुत दर्शन है। 'मिट्टी का ऋण चुकाने, बाँटता फिरता सुरभि, चहुँ ओर' कविता में अस्तित्व की सुंदरता और ज़िम्मेदारी का बोध होता है। 'वर्षा जब फिर होगी, पुनः जी उठूँगा मैं' जीवन के चक्र और पुनर्जीवन के विश्वास को संप्रेषित करती है।

'मिशिगन झील राजनीतिज्ञ तो नहीं?' में झील की चंचलता और मानव प्रवृत्ति की तुलना की गई है। 'रंग बदलते जाना क्या आस्था बदलना नहीं?' यह प्रकृति और मानव स्वभाव की अस्थिरता का गहन चिंतन प्रस्तुत करती है।

नवनीत पाण्डे की कविताएँ पर्यावरण, प्रेम और मानवीय संवेदनाओं के अंतर्मन की गहन अभिव्यक्ति हैं। उनकी कविताएँ अपनी सहजता में गहरी अर्थवत्ता और मानवीय अनुभूतियों का अनुगूँज हैं। उदाहरणतः 'तुम!' कविता में कवि प्रकृति और मनुष्य के अटूट रिश्ते को संबोधित करते हुए कहता है, 'तुम बादल / मुझे बारिश बनाती / तुम हवा / मुझे प्राण बनाती।' यह कविता प्रेम के रूपक में प्रकृति को मानवीय अस्तित्व का आधार मानती है। कवि प्रकृति की विभिन्न छवियों को प्रेम के सूत्र में बाँधकर मानवीय जीवन के लिए उनकी अनिवार्यता को रेखांकित करता है।

कविता 'हरियाली' में कवि उन पर्यावरणीय त्रासदियों को व्यक्त करता है, जो मनुष्य की स्वार्थपरता का परिणाम हैं। 'गले जा रहे / हाड़ पहाड़ के / ख़तरे में / हरियाली' पंक्तियाँ केवल प्रकृति के विनाश की ओर संकेत नहीं करती हैं, यह भी बताती हैं कि कैसे यह ह्रास मानवीय अस्तित्व के लिए संकट का कारण बनता जा रहा है। इनमें गहरी चिंतनशीलता और प्रकृति के प्रति कवि की वेदना झलकती है।

'फूल मत तोड़ो' कविता में पर्यटकों को संबोधित करते हुए कवि फूलों की सुंदरता को संरक्षित रखने का आह्वान करता है। वह कहता है, 'फूल तोड़ने से / केवल फूल नहीं टूटता / टूट जाता है / कई पर्यटकों का सपना।' यह कविता मनुष्य के अतिरेक और प्रकृति के साथ उसके दुराचार पर सवाल उठाती है।

कविता 'तुम मुझे ऐसे प्रेम करो' मानवीय प्रेम को प्रकृति के मूल तत्वों के प्रेम के साथ जोड़ती है। 'जैसे किसान करता है / बीज, हल, माटी से' में प्रेम की सार्वभौमिकता को व्यक्त करती है। यह प्रेम एक ऐसा आदर्श प्रस्तुत करता है, जो मानवीय संबंधों को ही नहीं, प्रकृति के साथ समन्वय को भी केंद्र में रखता है।

'कहीं मेरी नीयत पर ही सवाल न उठ जाए' कविता में कवि एक आत्मावलोकन करता हुआ दिखता है। वह नदियों, पहाड़ों और समंदरों पर सवाल उठाने से डरता है, क्योंकि वह जानता है कि प्रकृति का हर सवाल मनुष्य की नीयत पर प्रश्नचिह्न लगाता है। 'कहीं / अपने सवालों पर / मुझे ही कटघरे में न खड़ा कर दिया जाए'—यह कवि की अपनी नैतिक चेतना का गहरा परिचय देती हैं।

नवनीत पाण्डे की कविताओं की बड़ी विशेषता उनकी सरलता में छिपी गहनता है। वे पाठकों को अपनी कविताओं से एक ऐसा दर्पण सौंपते हैं, जिसमें वे अपने अस्तित्व और पर्यावरणीय कर्तव्यों को निहार सकते हैं। उनकी कविताएँ विचारोत्तेजक हैं और पाठकों को प्रकृति के प्रति अपने दायित्वों का स्मरण कराने का रास्ता देती हैं।

रमेश प्रजापति की पर्यावरणीय कविताओं में प्रकृति के क्षरित स्वरूप और मानवीय जीवन के अंतर्संबंधों की मर्मस्पर्शी व्याख्या दृष्टिगत होती है। उनकी कविताएँ केवल पर्यावरणीय विनाश की कथा नहीं सुनातीं, बल्कि उस विनाश के परिदृश्य में छिपे मानव जीवन के टूटते बिंबों को भी उकेरती हैं। 'विकास का बाज' कविता में धरती की सौंदर्यमयी रचनाएँ, जैसे नदियों को पाज़ेब, जंगल को बालों की गाथा और पहाड़ को मुकुट के रूप में चित्रित करना, एक अद्भुत सौंदर्यात्मक दृष्टिकोण है, परंतु इस सौंदर्य के ऊपर मँडराते 'विकास के बाज' की छवि आधुनिकता की क्रूर विडंबना को रेखांकित करती है।

'स्थिति' कविता में खेत-खलिहानों की उदासी, चिड़ियों की भयभीत चुप्पी और किसानों के घर में रुदन का स्वर, पाठक को मानो एक ऐसे दृश्यलोक में ले जाता है जहाँ विकास के नाम पर कृषि संस्कृति की मृत्यु की गाथा लिखी जा रही हो। कपास के फूल का अधखिला रह जाना और श्मशान की चहल-पहल

आधुनिक सभ्यता के अमानवीय दोहराव को एक ही झटके में स्पष्ट कर देता है। यह कविता एक ऐसे शोकगीत की तरह प्रतीत होती है जिसमें विकास की आड़ में जीवन की मूलभूत इकाइयाँ दम तोड़ रही हैं।

'उदासी' शीर्षक कविता में प्रकृति के सुरों को संगीत का रूप देना और उसे जीवन की लय से जोड़ना, प्रजापति के सौंदर्य-बोध की अनूठी मिसाल है। समुद्र का हारमोनियम बजाना, बारिश में वायलिन की धुन का घुल जाना और कोयल द्वारा लोकगीत गाया जाना—प्रकृति की एक अनूठी सांगीतिक प्रस्तुति है। लेकिन इस संगीत में जीवन के थिरकने का अभाव कवि की गहन पीड़ा को व्यक्त करता है। यहाँ संवेदना का एक ऐसा स्तर उभरता है जो पाठक के मस्तिष्क में लंबे समय तक गूँजता रहता है।

'बदलते परिदृश्य के बीच' कविता में प्रकृति और मानवता के बीच के संबंधों में आई टूटन को अनेक प्रतीकों से दर्शाया गया है। नदी के पैबंद लगी साड़ी में काँटा हो जाने का बिंब, हवा का विशालकाय मुट्ठी में सिसकते रहना और चिड़ियों का मुँड़ेर को तरसना, एक ऐसा वातावरण निर्मित करता है जहाँ जीवन का प्रत्येक कोना पीड़ा से भरा हुआ प्रतीत होता है। कवि का यह प्रश्न, 'बदलते हुए इस पूरे परिदृश्य के बीच वास्तव में हम ज़िंदा हैं भी ?' केवल एक कवि का प्रश्न नहीं, पूरे समाज के आत्म-संवाद का रूप ले लेता है।

'सूरज का मिज़ाज' कविता में कवि ने सूरज की छवि को मानवीय रूपकों में ढालते हुए वर्तमान समय की विसंगतियों को उजागर किया है। सूरज का झोपड़ियों से दूर होकर ऊँची इमारतों में ऐश फ़रमाना और हरिया के दुख को उसकी आरामगाह में ख़लल डालने वाले के रूप में दिखाना आधुनिकता और वर्गभेद की सटीक अभिव्यक्ति है। सूरज का मिज़ाज अब उस किसान के पक्ष में नहीं रहा जो कभी उसके कंधे पर बैठकर अपने सपने गढ़ता था।

रमेश प्रजापति की ये कविताएँ पर्यावरणीय संकट का दस्तावेज़ हैं और हमारे समय के क्रूर यथार्थ की अंतर्दृष्टि भी। उनकी रचनाओं में संवेदना का प्रवाह इतना सजीव है कि वह पाठक को भीतर तक आंदोलित कर देता है। उनकी भाषा की सहजता, प्रतीकों का गहन चयन और दृश्यात्मकता कविताओं को एक अद्वितीय साहित्यिक अनुभव बनाता है।

संध्या नवोदिता की कविताएँ पर्यावरण, मानवीय संवेदनाओं और सभ्यता के विनाशकारी हस्तक्षेप के प्रति एक सशक्त चेतावनी और संवेदनशील आह्वान हैं। ये कविताएँ प्रकृति और मनुष्य के बीच बिगड़ते संतुलन की गहरी पीड़ा को अपनी अभिव्यक्ति में समाहित करती हैं। कविता 'लौट आओ नदी' एक करूण पुकार है, जिसमें खोई हुई प्रकृति और उसके तत्वों को लौटाने की गहरी आकांक्षा है। इस कविता की अनुगूँज मानवीय अस्तित्व और प्रकृति के संतुलन के द्वंद्व को उजागर करती है। माँ और धरती को समान रूप में संबोधित करते हुए कवयित्री ने जीवन के रस, संगीत और स्मृतियों के क्षय को अत्यंत मार्मिकता से चित्रित किया है।

'मैं हरेपन में बोलती हूँ' कविता प्रकृति के अपरिहार्य अस्तित्व और उसकी निरंतरता की सशक्त प्रस्तुति है। कवयित्री यहाँ प्रकृति को एक अदृश्य शक्ति के रूप में देखती है, जो हर अवरोध को पार कर मनुष्य के भीतर और बाहर बनी रहती है। हरेपन की प्रतीकात्मकता से उन्होंने जीवन की अदम्य जिजीविषा को स्वर दिया है। वहीं, 'आरे के पेड़' और 'स्वर्ग की सीढ़ी' जैसी कविताएँ मानव सभ्यता की स्वार्थपरता और विनाशकारी प्रवृत्तियों पर गहरे प्रहार करती हैं। पेड़ों की कटाई और अमेज़न के जंगलों की आग जैसे प्रतीकों का उपयोग कर कवयित्री ने पृथ्वी के पर्यावरणीय संकट को अभूतपूर्व संवेदनशीलता और व्यापक दृष्टिकोण से चित्रित किया है। पेड़ों के कटने के साथ इतिहास, विवेक और प्रेम के कटने की बात मानवता के अस्तित्व पर गहरा प्रश्नचिन्ह खड़ा करती है।

'स्वर्ग की सीढ़ी' कविता सभ्यता के विकास के नाम पर पर्यावरण के विध्वंस को देवता और दानव की मिथकीय संरचना में प्रस्तुत करती है। स्वर्ग और नर्क के बीच मनुष्य की लालसा और छल-कपट के खेल को कवयित्री ने बड़ी सूक्ष्मता और व्यंग्यात्मकता से व्यक्त किया है। इन कविताओं का शिल्प सहज और प्रवाहपूर्ण है, जो पाठक के भीतर गहरी संवेदना जगाने में सक्षम है। संध्या नवोदिता की रचनाएँ केवल पर्यावरणीय संकट से आगाह नहीं करती, बल्कि मनुष्य को अपनी जड़ों की ओर लौटने और प्रकृति के साथ सामंजस्य स्थापित करने का संदेश भी देती हैं। इन कविताओं में शब्दों का चयन और भावाभिव्यक्ति का कौशल उत्कृष्ट है, जो इन्हें केवल पर्यावरणीय विमर्श तक सीमित नहीं रखता, बल्कि इन्हें एक सार्वभौमिक अपील प्रदान करता है।

राजेश पाठक की पर्यावरणीय कविताएँ मानव और प्रकृति के बीच के गहरे अंतर्संबंध को उनकी क्षति और भविष्य की चिंता के परिप्रेक्ष्य में प्रस्तुत करती हैं। कविता 'अगली सदी' में 'पेड़ पर चलती कुल्हाड़ी देख दम घुटने लगा हवा का' जैसी पंक्ति प्रकृति के विनाश और उसके परिणामस्वरूप जीवन के संकुचन का मर्मस्पर्शी चित्र प्रस्तुत करती है। यह केवल वायुमंडलीय असंतुलन की बात नहीं करती, बल्कि मानव अस्तित्व की अनिवार्य निर्भरता पर भी गहन दृष्टि डालती है। 'बालू की भीत की भाँति भरभराकर गिरने लगे पहाड़' प्राकृतिक संसाधनों की अनवरत दोहन की त्रासदी को रेखांकित करती है। कवि का प्रश्न 'क्या हम देख पाएँगे अगली सदी ?' केवल चेतावनी नहीं है, यह भविष्य के प्रति चिंता और अपराध-बोध का प्रतिरूप भी है।

कविता 'पानी' में 'मानव इच्छाएँ समुद्र बन लील रही हैं नदियों को'—से कवि ने मानव की असीमित लालसा और उसके विनाशकारी प्रभावों का सटीक वर्णन किया है। कवि का कहना कि 'अब नदियों के पानी के साथ-साथ सूखने लगा है आँखों का पानी भी' मानवीय संवेदनाओं के क्षय और प्रकृति के साथ मनुष्य के आत्मीय संबंध के ह्रास की ओर इशारा करता है। यह पंक्ति मानवीय स्वार्थ के कारण समाप्त होती सह-अस्तित्व की भावना को इंगित करती है। 'जिस दिन पूरा का पूरा सूख जाएगा आँखों का पानी' पंक्ति कवि की कल्पना में एक भयावह और संवेदनाहीन संसार की तस्वीर उकेरती है।

राजेश पाठक की कविताओं का मर्म यह है कि वह पर्यावरणीय संकट को केवल प्राकृतिक ह्रास के रूप में नहीं देखते, बल्कि इसे मनुष्य की आत्मा और उसकी परंपराओं के विनाश से जोड़कर एक व्यापक दृष्टिकोण प्रस्तुत करते हैं। उनकी कविताएँ परामर्श हैं और आत्मावलोकन का आह्वान भी करती हैं। इन कविताओं की विशिष्टता उनके सहज प्रतीकों और मानवीय संवेदना की गहराई में निहित है।

अनिता रश्मि की कविताएँ पर्यावरणीय चेतना और मानवीय संवेदना का मार्मिक आलोक बिखेरती हैं। उनकी रचनाओं में प्रकृति के प्रति सजीवता, दुख और संघर्ष की अनुगूँज सुनाई देती है। 'वह अकेला गाछ' में कवयित्री उस अकेले वृक्ष की कथा रचती है जो विकास की आँधियों में अपने अस्तित्व की अंतिम घड़ियाँ गिन रहा है। 'खूँटे-सा जड़ें गहरी जमाए हुए' यह पंक्ति प्रकृति के संघर्षशील स्वभाव का मर्म उद्घाटित करती है। वृक्ष का प्रतीक यहाँ सिर्फ़ पर्यावरणीय क्षति नहीं, बल्कि मनुष्य और प्रकृति के अंतर्संबंधों की टूटन को भी व्यक्त करता है।

'दर्द' शीर्षक कविता में पेड़ों के कटने का दृश्य अत्यंत मार्मिक है। कवयित्री ने 'ज़िबह होते बकरे की कातर, मासूम आँखें' जैसे रूपक से मानवीय निर्ममता का बिंब खींचा है। यह कविता पाठक को भावुक करती है और उन्हें अपने कृत्यों के प्रति आत्ममंथन के लिए बाध्य भी करती है। प्रकृति के प्रति यह दारुण उपेक्षा हमें अपनी ही नैतिकता के कटघरे में खड़ा कर देती है।

'प्रकृति की प्रकृति' में कवयित्री ने कंक्रीट के जंगलों से बाहर निकलकर प्रकृति की आनंददायी और सजीव उपस्थिति का एक उज्ज्वल चित्र उकेरा है। 'हवा ओढ़ लेती रंग है' और 'तितलियाँ प्रसून सूँघतीं' जैसी पंक्तियाँ पाठक को उस हरे-भरे संसार में ले जाती हैं, जहाँ मनुष्य का हर विषाद प्रकृति के हास्य में बदल जाता है। इस कविता में मानो कवयित्री ने प्रकृति को एक प्रेमपूर्ण माँ के रूप में प्रस्तुत किया है, जो अपने आँचल से हर पीड़ा को हर लेती है।

'पहाड़ : चंद रंग' में कवयित्री ने पहाड़ों के बहुआयामी स्वरूप को उनके दर्द, उनकी विलुप्त होती आवाज़ों और संघर्ष को रेखांकित किया है। 'हम रहेंगे तभी रहोगे तुम' जैसे शब्दों में पहाड़ का यह कथन, मानवीय अस्तित्व और पर्यावरण के गहरे संबंध को रेखित करता है। 'चेरी, सेब, प्लम, आड़ू की थर-थर काँपती आवाज़ों' से प्रकृति की नष्ट होती विविधता को मर्मस्पर्शी रूप में उभारा गया है। यह कविता पाठक में पहाड़ों की ख़ूबसूरती से उनके दर्द को भी जोड़ती है।

कविताओं में भाषा की सहजता और विचारों की गहनता प्रभावशाली है। इन रचनाओं का स्वर केवल पर्यावरणीय चेतना तक सीमित नहीं रहता, यह पाठक के भीतर एक नैतिक प्रश्न भी खड़ा करता है। कवयित्री के पास प्रकृति के प्रति गहरा

लगाव और मानवीय क्रियाकलापों के प्रति तीव्र आलोचनात्मक दृष्टि है, जो इन कविताओं को एक अद्वितीय साहित्यिक कृति का दर्जा देती है।

अनुराधा 'ओस' की कविताएँ अपनी संरचना और मर्मस्पर्शी अभिव्यक्ति से प्रकृति और मानव जीवन के अंतरंग संबंधों को अत्यंत प्रभावी ढंग से सामने लाती हैं। कविता *'एक जंगल'* नेह और प्रकृति के सामंजस्य को दर्शाती है। 'मैं तुम्हारे नेह की ज़मीन पर उगा जंगल हूँ'—में भावनात्मक गहराई के साथ व्यक्ति और प्रकृति के अंतर्संबंध रेखांकित हुए हैं। कँटीली डालियों पर फूलों के खिलने का प्रतीक प्रेम और पुनरुत्थान का अप्रतिम बोध कराता है। कवयित्री एक ऐसी दुनिया की कल्पना करती है जहाँ नेह की कोमलता जंगलों से फिर जीवित हो सके।

कविता 'पास में ही कहीं' समकालीन दुनिया के संघर्षों और मानवीय त्रासदियों के बीच जीवन के अदम्य साहस को दिखाती है। 'बचा रहता है जीवन का नमक कहीं-न-कहीं' यह पंक्ति संघर्षों के बीच जीवन की निरंतरता और उसकी गहनता को प्रकट करती है। राम के वनवास की स्मृति से लेकर गज़ा के विध्वंस तक कवयित्री ऐतिहासिक और वर्तमान संदर्भों को जोड़ते हुए यह संदेश देती हैं कि जीवन, चाहे कितना भी विघटनकारी वातावरण क्यों न हो, अपनी मौलिकता बनाए रखता है।

कविता 'बुनकर चिड़ियों की ज़रूरत है' घोंसले बुनने के प्रतीक से प्रकृति और मानवता के पुनर्सृजन की आवश्यकता को रेखांकित करती है। पंक्ति 'नागरमोथा के पौधों से बाल काले करने की तरीक़े पूछ रही थी'—न केवल ग्रामीण जीवन की सहजता का चित्रण करती है, यह भी इंगित करती है कि आज की औद्योगिक प्रगति के बजाय, हमें प्रकृति से प्रेरित रचनात्मकता की ज़रूरत है। कवयित्री यह कहती प्रतीत होती हैं कि समाज के पुनर्निर्माण में परंपरा और सरलता को महत्व देना चाहिए।

अनुराधा 'ओस' की कविताएँ मानवीय संबंधों, प्रकृति और संघर्षों के बीच संतुलन का एक चित्र प्रस्तुत करती हैं। इनके प्रतीक और बिंब पाठक को भावनात्मक रूप से जोड़ते हैं और उसे गहरे आत्मावलोकन के लिए प्रेरित भी

करता है। उनकी कविताएँ प्रकृति और मानवीय मूल्यों को एक नए दृष्टिकोण से देखने का अवसर प्रदान करती हैं।

जवाहरलाल जलज की रचना 'बना रहे धरती पर जीवन' पर्यावरणीय चेतना की अभिव्यक्ति का एक ऐसा उदाहरण है, जो मानवीय मर्म को झंकृत करते हुए प्रकृति के प्रति उत्तरदायित्व के भाव को उद्दीप्त करता है। इस कविता में 'मैं पर्यावरण हूँ, अति चिंतित हूँ' से कवि ने पर्यावरण को जीवंत स्वर प्रदान किया है, जो अपनी शुद्धता और अस्तित्व की रक्षा के लिए पुकार कर रहा है। यह मानवीय संवेदनाओं को झकझोरने का ही नहीं, बल्कि उन्हें भीतर तक आंदोलित करने का प्रयास है। कवि ने 'मानवता के प्रबल पोषक, हे मानव! अब चेतिए' कहते हुए मानव जाति के विवेक का आह्वान किया है। यह आह्वान मात्र एक संकेत नहीं, बल्कि एक सामूहिक संकल्प की आवश्यकता को रेखांकित करता है। 'हरितिमा का ख़ात्मा' और 'मरुभूमि में परिवर्तित' जैसे शब्दांश पाठक के हृदय में उस हानि का आभास कराते हैं, जो प्रकृति के विनाश के परिणामस्वरूप उत्पन्न होती है। कविता में व्यक्त मर्म और दृश्यात्मकता पाठक को विचारशील बना देती है, जैसे हर शब्द एक अपील हो। 'कभी भी होने नहीं पाए पर्यावरणीय प्रदूषणजन्य घोर तबाही का ताण्डव नर्तन' जैसे वाक्य, शब्दों की तीव्रता और विचारों की गहराई से, पर्यावरणीय संकट की विभीषिका का सजीव चित्रण करते हैं। कविता की भाषा में सीधा आक्षेप न होकर एक अनुरोध की कोमलता है जो मनुष्य के भीतर छिपे संवेदनशीलता के बीज को अंकुरित करना चाहती है। कवि ने पर्यावरण और मानव के संबंधों की गहरी अनिवार्यता को प्रस्तुत किया है, जो न केवल समसामयिक है, बल्कि शाश्वत सत्य भी है।

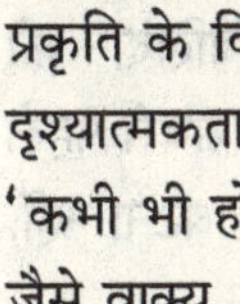

जितेंद्र धीर की कविता 'कीली पर घूमती पृथ्वी' प्रकृति के क्षरण और मानवीय लापरवाही पर एक मर्मस्पर्शी चित्र प्रस्तुत करती है। कवि ने ऋतुओं, लोकगीतों, नदियों और छायादार पेड़ों जैसे प्रकृति

के जीवंत प्रतीकों से अतीत की स्मृतियों और वर्तमान की उदासी के बीच एक गहन विरोधाभास रचा है। कविता में मनुष्य की भौतिकवादी प्रवृत्ति और पर्यावरणीय विनाश के दुष्परिणाम स्पष्ट हैं। धीरे-धीरे गर्म होती धरती और काली पड़ती हरियाली, जीवन के प्रति एक गंभीर चेतावनी देती है। भाषा सहज और प्रभावशाली है, जो पाठक को प्रकृति के प्रति अपनी ज़िम्मेदारियों पर विचार करने को प्रेरित करती है। यह कविता आधुनिक युग के पर्यावरणीय संकट का दार्शनिक अवलोकन है।

सुजाता कुमारी की कविताएँ प्रकृति और मानव जीवन के सहजीवी संबंध को गहराई से प्रतिबिंबित करती हैं। 'गाँव और विकास' में ग्रामीण जीवन के शील सौंदर्य और आधुनिकता की चपेट में उसकी सादगी के खोने की पीड़ा को संवेदनशीलता से अभिव्यक्त किया गया है। पंक्तियाँ जैसे, 'जब गाँव शहर की तरह सोचना शुरू करता है' हमें इस अंतर्द्वंद्व से परिचित कराती हैं कि विकास किस प्रकार स्वाभाविकता और निजत्व का ह्रास कर देता है। 'बरगड्डा' में कवयित्री ने सभ्यता के नाम पर वृक्षों और प्रकृति के बलिदान को करुणा और आक्रोश के साथ प्रस्तुत किया है। 'सरकारी फ़रमान सुन सबसे पहले सौ साल पुराने बरगद के पेड़ को काटा गया' पंक्ति केवल कटाव की घटना नहीं, सांस्कृतिक और प्राकृतिक धरोहर के विनाश की व्यथा भी है।

'वृक्ष होना आसान नहीं' में वृक्ष को आत्मीयता और नैतिकता का प्रतीक बनाते हुए कवयित्री ने मानवता के गहन मूल्यों का आह्वान किया है। 'वृक्ष जैसा जीवन किसने जिया इस धरा में' और 'हरदम धरती का आभार मानते हुए' जैसे कवितांश वृक्ष के धैर्य और विनम्रता को जीवन का आदर्श मानने की प्रेरणा देते हैं। वहीं 'माराफरी' में औद्योगिकीकरण और विस्थापन की पीड़ा को सजीव रूप में उकेरा गया है। 'अपनी ही ज़मीन पर हम बित्ते भर के लिए लड़ रहे हैं' जैसे वाक्य सामाजिक असमानता और आधुनिक विकास की विडंबनाओं पर तीखा प्रहार करते हैं। 'पोखर का पानी' में पोखर को मानवीय भावनाओं और सहजता का प्रतीक बनाते हुए कवयित्री ने मासूमियत और स्नेह को अभिव्यक्त किया है।

'मैं लिखना चाहती हूँ प्रकृति के सारे रंग' कविता में प्रकृति के प्रत्येक तत्व को

मानवीय मूल्यों और संघर्ष का प्रतीक बनाकर कवयित्री ने गहरी दार्शनिकता को व्यक्त किया है। 'मैं बारिश की बूँदें लिखना चाहती हूँ जो बादल से टूट-बिखरकर पृथ्वी का सूखा कंठ सींचती हैं' में त्याग और समर्पण के भाव का अतुलनीय चित्रण है। यह कविता प्रकृति की महत्ता को दर्शाती है, साथ ही उसमें छिपे जीवन-दर्शन को उजागर करती है। ये कविताएँ संवेदना, सौंदर्यबोध और सामाजिक चेतना का अद्भुत संगम हैं। उनकी भाषा प्रवाहपूर्ण और शैली सहज है, जो पाठकों को प्रकृति और मानवीय संबंधों पर चिंतन के लिए प्रेरित करती है।

इन कविताओं का शिल्प सहज, भावपूर्ण और प्राकृतिक तत्वों से गहराई से जुड़ा हुआ है। कवयित्री ने मुक्त छंद में शब्दों का ऐसा चयन किया है जो चित्रात्मकता और संवेदना को उभारता है। उनकी शैली में विवरणात्मकता और प्रतीकात्मकता का संतुलित प्रयोग है, जो कविताओं को गहन अर्थवत्ता और सजीवता प्रदान करता है।

नीलम झा की कविता 'पेड़ निहत्थे हैं' प्रकृति और मानवता के रिश्ते पर एक गहरी टीस व्यक्त करती है। कविता का आरंभ ही जीवन की उत्पत्ति और पालन-पोषण में पेड़ों की भूमिका को रेखांकित करता है। 'गर मैं न रहा तो नहीं रहेंगे ये भौरे, ये जुगनू, ये उपवन' की अभिव्यक्ति से यह बात स्पष्ट होती है कि पेड़ सिर्फ़ प्राकृतिक संसाधन नहीं हैं, बल्कि जीवन की निरंतरता का आधार हैं। कवयित्री ने पेड़ को एक संवेदनशील प्राणी के रूप में प्रस्तुत किया है जो चुपके से अपनी वेदनाओं को व्यक्त करता है। 'क्या सच में आपने नहीं सुना पेड़ को कभी इस तरह बोलते हुए' इस प्रश्न से वह हमें अपनी लापरवाही पर कठोर आलोचना करता है। जब वह कहती है 'हम हैं निहत्थे, अब बंद ये अत्याचार करो' तो यह मानव की प्रकृति के प्रति बेरहमी और क्रूरता का प्रतिरोध प्रतीत होता है। कविता अंत में पेड़ की अभिलाषा 'वो हैं निहत्थे, उन्हें यूँ काटा क्यूँ जाए' की उक्ति से जीवन और सृजन के अधिकार की रक्षा की अपील करती है।

यह कविता एक ऐसा उत्कृष्ट आह्वान है जिसमें पर्यावरणीय संरक्षण की आवश्यकता की ओर ध्यान आकर्षित किया गया है और यह भी महसूस कराया

गया है कि हर जीव का जीवन मूल्यवान है और उसकी गरिमा और आवश्यकता के अनुसार जीने का अधिकार होना चाहिए।

विशाल श्रीवास्तव की कविता 'एक पत्ता' प्रकृति और मानव के बीच गहराते फ़ासले पर एक गहरी दृष्टि डालती है। 'दरवाज़े की ओट से हरा एक पत्ता झाँक रहा है, वह भीतर आना चाहता है,— पंक्ति जीवन में प्रकृति की उपस्थिति को दर्ज करती है और उसके सजीव और संवेदनशील होने का एहसास भी कराती है। कवि ने पत्ते को महज़ प्रकृति के रूप में नहीं, बल्कि एक जीवंत प्रतीक के रूप में व्यक्त किया है, जो मनुष्य की रचना और अधिकार के दावों को चुनौती देता है। 'जिसे हम आज अपना घर कहते हैं, वह इस पत्ते की आदिम रिहाइश है,' इस कथन में कवि ने हमारे घरों और प्रकृति के बीच के संबंधों को बेहद सटीकता से व्यक्त किया है। यह कविता मनुष्य की स्वार्थपरक सोच को बेनक़ाब करती है जो अपने अधिकार को स्थाई और अनिवार्य मान लेता है। 'पूरी प्रकृति दाख़िल होना चाहती है हमारे जीवन में पूरे हरेपन के साथ'—कथन में कवि ने प्रकृति की अदम्य इच्छा को उभारा है, जो मानव जीवन में अपनी जगह पुनः पाने के लिए संघर्षरत है। धूप, पानी, हवा और मिट्टी के 'घुसपैठ' का उल्लेख मानव के निर्मित अवरोधों के प्रति प्रकृति की प्रतिक्रिया को व्यक्त करता है। इन कवितांशों से कवि यह मर्म प्रकट करता है कि प्रकृति की यह 'घुसपैठ' किसी दंडात्मक भावना से प्रेरित नहीं है, यह मनुष्य को उसके वास्तविक मूल से जोड़ने का प्रयास है। 'बहुत लुका-छिपी खेल ली तुमने' और 'अब वह पूरा हुआ' में प्रकृति की अपराजेयता और शाश्वतता का संदेश छिपा है। यह एक सलाह और आह्वान है कि मनुष्य को प्रकृति से संवाद करना सीखना होगा अन्यथा उसका अस्तित्व संकट में पड़ जाएगा। कविता का स्वर मार्मिक और चिंतनशील है जो पाठक को आत्ममंथन की ओर प्रेरित करता है। सरलता में गहनता और मृदुलता में शक्ति का यह अद्‌भुत संगम कविता को एक सजीव अनुभव में बदल देता है।

महेश विद्रोही की कविता 'गौरैया' प्रकृति के प्रति मानवीय संवेदना और उत्तरदायित्व को बड़े ही मर्मस्पर्शी ढंग से व्यक्त करती है। 'अब नहीं चहकती गौरैया यहाँ किसी के आँगन में' जैसी पंक्ति केवल गौरैया की अनुपस्थिति नहीं, बल्कि हमारे जीवन से सुखद स्मृतियों और सजीवता के क्षय को भी व्यक्त करती है। कवि ने गौरैया को मानवीय मित्र और जीवन-प्रतीक के रूप में प्रस्तुत कर उसके विलुप्त होने की स्थिति को करुणा और चिंता के साथ उकेरा है।

'आवासों का पक्का होना, रोशनदानों का अभाव' जैसे कवितांश आधुनिक जीवनशैली के उस दंभ को रेखांकित करते हैं, जिसमें प्रगति के नाम पर सहजीविता का अंत हो रहा है। कविता में 'डरी, सहमी-सी' गौरैया का चित्रण केवल पक्षी का नहीं, हमारे समाज की उस करुण स्थिति का भी प्रतीक है, जिसमें प्राकृतिक मित्रता और सहअस्तित्व का विनाश हो रहा है।

कवि का आग्रह, 'ज़रूरत है ऐसे मित्रों को संरक्षित करने की'—पाठकों के भीतर संवेदना का संचार करता है और उन्हें प्रकृति के प्रति अपने दायित्व की पुन: याद दिलाता है। यह कविता केवल पर्यावरणीय क्षति पर शोक नहीं, इसे रोकने के लिए एक आह्वान भी है, जो सरल भाषा में गहरी भावना के साथ हृदय में प्रवेश करता है। महेश विद्रोही का यह रचना-कर्म पाठकों को उनके भीतर छिपे उत्तरदायित्व से साक्षात्कार कराता है।

वसुंधरा पाण्डेय की कविताएँ आज के युग में सभ्यता और विकास के नाम पर प्राकृतिक संसाधनों के विनाश और मानवीय अस्तित्व के संघर्ष को गहराई से व्यक्त करती हैं। उनकी कविता 'इरादे क्या हैं तुम्हारे?' में कवयित्री ने पर्यावरण के विनाश पर प्रश्नचिह्न उठाते हुए वसुधा की पीड़ा को सजीव किया है। 'सूखी-प्यासी हाँफती-सी दरकती दरारें' जैसे कवितांश धरती के शोषण को व्यक्त करते हुए, यह भी दिखाते हैं कि आधुनिकता के दौर में प्रकृति किस प्रकार निरंतर अपमानित और असहाय होती जा रही है। 'नदी, जंगल, पहाड़ सब उदास' से कवयित्री ने उन जीवंत तत्त्वों की ओर ध्यान दिलाया

है, जिनकी उदासी में मानो समूची मानवता की विवशता झलकती है। यह कविता पाठकों के हृदय में गहरा मर्म उत्पन्न करती है और उनसे प्रश्न करती है, 'आख़िर इरादे क्या हैं तुम्हारे?'

'दम फूलता है' कविता में कवयित्री ने शहरीकरण और इसके दुष्प्रभावों को मार्मिकता के साथ व्यक्त किया है। 'सिकुड़ती नदी, गुम होती गलियाँ' जैसे कथन शहरों के विस्तार की त्रासदी को चित्रित करते हैं और यह भी दिखाते हैं कि इस प्रक्रिया में हमारी जड़ों से जुड़ी संवेदनाएँ खोती जा रही हैं। 'रोटी की चाह में अनचाहे जिए जाता है'—कवयित्री के उस दर्द को प्रकट करती है, जहाँ मानव जीवन की जटिलताएँ और बाध्यताएँ उसकी स्वतंत्रता और सुख को कुचल देती हैं। यह कविता भौतिकता की आलोचना के साथ-साथ इसके पीछे छिपे अस्तित्व के संघर्ष का सजीव दस्तावेज़ भी है।

'आप क्या जानो साहेब' कविता में कवयित्री ने अमीरी और ग़रीबी के बीच की खाई को प्रकृति के परिप्रेक्ष्य में चित्रित किया है। 'गुलमोहर के छतनार दरख़्त, जिसकी छाया सघन भरी दोपहरी में छहाँते लोग' जैसे कवितांश उन स्मृतियों को जीवित करते हैं, जब प्रकृति मनुष्य के जीवन का अभिन्न हिस्सा हुआ करती थी। कवयित्री का व्यंग्य, 'आप तो बस... सड़कें चौड़ी कराओ' उस वर्ग के प्रति गहरी टीस उत्पन्न करता है, जिसने प्रकृति को केवल अपने स्वार्थ के लिए उपयोगी समझा। इस कविता में समाज के भीतर के भेदभाव का मर्म व्यक्त हुआ है और उस ठंडे भाव को भी उजागर किया गया है, जो अमीर और सुविधाभोगी वर्ग का स्वभाव बन चुका है।

वसुंधरा पाण्डेय की कविताएँ मानवीय संवेदना के उन तंतुओं को संवेदित करती हैं जो विकास के नाम पर मिटते जा रहे हैं। उनकी भाषा सहज और प्रभावशाली है, जो पाठकों को सोचने पर विवश करती है और उन्हें अपनी प्रकृति और संस्कृति के प्रति सजग रहने का आह्वान भी करती है।

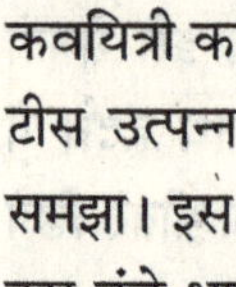

निशांत की कविताएँ जीवन के बहुआयामी दृष्टिकोण को सामने लाने का एक सशक्त ज़रिया हैं, जो पर्यावरण, मनुष्य और सामाजिक संरचना के जटिल अंतर्संबंधों को सूक्ष्मता से उद्घाटित करती हैं।

कविता 'ग्लोबल वार्मिंग' में कवि ने एक पेड़, हीरो-होंडा और सूअर के द्वारा मनुष्य की अव्यवस्थित प्राथमिकताओं और पर्यावरण के प्रति संवेदनहीनता को तीखे व्यंग्य में व्यक्त किया है। 'जहाँ एक पेड़ को होना चाहिए था, वहाँ एक हीरो-होंडा खड़ा है' यह कथन आधुनिक जीवन की उस विडंबना को उद्घाटित करता है, जहाँ प्रगति के नाम पर प्रकृति का विनाश होता जा रहा है। यह विडंबना तब और गहराई से झलकती है जब मानव अस्तित्व की महानता को प्रश्नांकित किया जाता है।

'राष्ट्राध्यक्ष' कविता में कवि ने प्रतीकों से सत्ता, लालच और राजनीतिक तंत्र की विडंबनाओं को रेखांकित किया है। 'जोकरों की पोशाक में अद्भुत से दिखने वाले लोग' यह वाक्य सत्ता के विकृत स्वरूप का परिचायक है, जो पृथ्वी को अपनी स्वार्थपूर्ण नीतियों के तहत चाबुक से पीटता है। यह कविता सत्ता और प्रकृति के बीच के संघर्ष को रेखांकित करती है जहाँ प्रकृति मानव द्वारा शोषित और अपमानित होती रहती है।

कविता 'इस समय' में कवि ने पर्यावरणीय विनाश और आधुनिकता की विसंगतियों को व्यंग्यात्मक शैली में प्रस्तुत किया है। 'पृथ्वी तलाश रही है थोड़ी-सी ज़मीन बैठकर सुस्ताने के लिए' यह पंक्ति मानवीय गतिविधियों से थकी हुई पृथ्वी की करुणा और अनवरत संघर्ष का प्रतीक है।

'गपशप' कविता में कवि ने मछलियों से संवाद और मानवीय अकेलेपन को गहराई से प्रस्तुत किया है। 'घंटों बतियाती हैं वे मुझसे'—पंक्ति जीवन के उस पक्ष को दर्शाती है, जहाँ मनुष्य प्रकृति से जुड़कर अपनी संवेदनाओं को पुनर्जीवित करता है।

'समुद्र के सामने जाने पर' में कवि ने समुद्र की विशालता और मनुष्य की नगण्यता को बारीकी से चित्रित किया है। 'पानी के लिए चपरासी पर हुक्म चलाते हुए, समुद्र के सामने चपरासी के सामने शर्म से झुक जाता है मेरा सर'—मानवीय अहंकार और प्रकृति के प्रति हमारी ज़िम्मेदारी को गहराई से व्यक्त करती है। कुल मिलाकर, निशांत की कविताएँ हमें प्रकृति और मानव के अंत:संबंधों को समझने और उनके प्रति संवेदनशील बनने की प्रेरणा देती हैं।

शिरोमणि महतो की कविताएँ झारखंड की लोक चेतना, पर्यावरण और सभ्यता के मुद्दों को सघनता और गहराई से अभिव्यक्त करती हैं। उनकी कविताएँ प्रकृति और मनुष्य के संबंधों की सजीव तस्वीर पेश करती हैं, जो न केवल पर्यावरणीय चेतना का जागरण कराती हैं, बल्कि सभ्यता के गुणसूत्रों को भी उजागर करती हैं।

महतो की भाषा में लोकजीवन की सादगी और गहराई का संतुलन है। कवि सहज बिंब और रूपकों से जटिल विषयों को सरलता से व्यक्त करता है। 'पूनम का नभ तारों से भरा हुआ' जैसी पंक्तियाँ प्रकृति के सौंदर्य और गहराई को सामने लाती हैं।

उनकी कविता में प्रतीकात्मकता का गहन प्रयोग होता है। 'शरद का चाँद' में चाँद को पुआ, फूल और काँसे का थाल जैसे रूपकों से जोड़ा गया है, जो ग्रामीण परिवेश की जीवंतता को व्यक्त करता है। इस कविता में चाँद का बिंब बच्चों की लालसा, फूलों की कोमलता और तालाब में मछलियों के खेल से प्रकृति की विविधता को उजागर करता है।

कवि 'गुणसूत्र' में इतिहास और सभ्यता के अंशों को रूपायित करता है। वह लिखता है : ढहा हुआ खंडहर... क्रूरता और नृशंसा के गुणसूत्र दबे हुए हैं। यह कविता मानवीय लोभ, इतिहास की क्रूरता और सभ्यता के भीतर छिपे संघर्षों का दस्तावेज़ है। 'सभ्यता के गुणसूत्र' में कवि नदियों को सभ्यता की जननी बताते हुए उनकी पवित्रता और प्रदूषण का सामाजिक और सांस्कृतिक प्रभाव व्यक्त करता है। वह कहता है : नदियों के पानी का दूषित होना सभ्यताओं के गुणसूत्रों का संक्रमण है। यह सभ्यता और पर्यावरण के अंतर्संबंध को स्पष्ट करती है।

महतो की कविताएँ छंदबद्ध नहीं हैं, लेकिन उनकी लयात्मकता गहरा प्रभाव पैदा करती है। 'पानी में इंद्रधनुष' में इंद्रधनुष का प्रतीक पानी की कमी का संकेत देता है : आसमान में जो इंद्रधनुष उगा हुआ है... पानी के लिए संकेत है कि अब पानी कम पड़ेगा। यह कविता पर्यावरणीय संकट के प्रति सचेत करती है और मनुष्य को आत्मावलोकन के लिए प्रेरित करती है।

शिरोमणि महतो की कविताएँ लोकचेतना, प्रकृति और सभ्यता के बीच सामंजस्य स्थापित करती हैं। उनकी कविताओं का शिल्प सहज, लेकिन अर्थगर्भित

है। वे प्रतीकों और रूपकों से पर्यावरणीय समस्याओं को गहराई से प्रस्तुत करते हैं। इन कविताओं में न केवल पर्यावरणीय चेतना का स्वर है, बल्कि इतिहास और सभ्यता की परतें भी उकेरी गई हैं। महतो की काव्य-भाषा सशक्त और मर्मस्पर्शी है, जो पाठक को सोचने पर मजबूर करती है।

'कंक्रीट के जंगल' और 'जंगल कटे और बिछे' दोनों **रंजीता सिंह 'फ़लक'** की कविताएँ हैं, जो शहरीकरण और प्रकृति के क्षय के बीच गहरे अंतर्विरोधों को व्यक्त करती हैं। 'कंक्रीट के जंगल' स्मृतियों का एक जीवंत चित्र है, जहाँ कवयित्री गाँव की आत्मा के खोने का मर्म व्यक्त करती है। 'खेती कोई अनुशंसा या निविदा पर दी गई नौकरी तो थी नहीं' जैसी पंक्तियाँ इस बात का द्योतक हैं कि खेती केवल रोज़गार नहीं, परंपराओं और जीवन का आधार भी थी। गाँव में 'लहलहाते खेतों की जगह दो मंज़िला घरों' का वर्णन और 'चाचा के मरने के बाद किसानी के फ़ॉर्म पर उनका नाम भराया है' जैसी बातें सामाजिक और पारिवारिक संरचना में बदलाव की ओर संकेत करती हैं। यह कविता अपने गहरे आत्मीय स्वर से स्मृतियों को पुनर्जीवित करती है और वर्तमान के प्रति एक परामर्श भी देती है।

दूसरी ओर, 'जंगल कटे और बिछे' आधुनिकता और प्रकृति के संघर्ष को अधिक सरल और प्रेरणादायक ढंग से व्यक्त करती है। 'आओ अपनी प्रकृति को मिलकर हम बचाएँ' जैसी पंक्तियाँ सामूहिक ज़िम्मेदारी और जागरूकता की आवश्यकता को रेखांकित करती हैं। इस कविता में पर्यावरणीय संकट का प्रभाव सीधे-सीधे प्रस्तुत किया गया है— 'हरियाली है ख़त्म हुई, हवा भी बेदम हो गई' जैसे कथन एक चिंतनशील दृष्टिकोण अपनाने को प्रेरित करते हैं।

दोनों कविताएँ अपनी-अपनी शैली में पर्यावरण और मानवीय संवेदनाओं को मर्मस्पर्शी ढंग से व्यक्त करती हैं। पहली कविता अधिक व्यक्तिगत और स्मृतिपरक है, जबकि दूसरी सामूहिक चेतना को जागृत करने का प्रयास करती है।

ऋषिकेश खोडके रुह की कविता 'हमारी नदियाँ मर रही हैं' पर्यावरणीय विनाश की त्रासदी और मानव की स्वार्थपरता का मर्मस्पर्शी चित्रण है। यह रचना नदियों के क्रमिक क्षरण और उनके ऐतिहासिक व सांस्कृतिक महत्त्व को रेखांकित करती है। 'हम कभी नहाते थे इन नदियों में, प्यास भी इसी पानी से बुझा लेते थे' जैसे कथन बीते समय की स्वच्छ और जीवनदायिनी नदियों की स्मृति को जीवंत करते हैं। कवि ने अतीत की पीढ़ियों की अनुभूतियों से नदियों के बदलते स्वरूप को बड़ी सजीवता से रेखांकित किया है। 'मछुआरे जाल डालकर कतला, रोहू, सिंघाल पकड़ा करते थे' और 'घंटों नाव पर सिंघाड़े खाते हुए बिताते थे' जैसी पंक्तियाँ नदियों के साथ जुड़ी जीवंतता और आनंद को प्रकट करती हैं।

आधुनिकता और मानवीय लालच के कारण नदियों की दुर्दशा पर कवि ने अत्यंत मार्मिकता से प्रकाश डाला है। 'कंक्रीट के जंगल बढ़ते चले गए और भूख इतनी बढ़ी कि हम नदियों के किनारे भी खा गए' जैसे वाक्य हमारे विकास के नाम पर किए गए विनाश को उजागर करते हैं। कवि की व्यंग्यात्मक शैली 'ड्रेनेज पाइप उतार दिए, नदी की छाती पर' में स्पष्ट झलकती है। नदियों की दुर्दशा का वर्तमान चित्रण 'हमारे ही मल मूत्र से भर रही हैं' और 'मछलियाँ भी अब अपनी ही नदी में उतरने से डर रही हैं' जैसे वाक्य मानवीय संवेदनहीनता की पराकाष्ठा को व्यक्त करते हैं।

यह कविता एक गंभीर चेतावनी है और पर्यावरणीय संकट के प्रति जागरूकता की माँग करती है। कवि की भाषा सरल होते हुए भी विचारों की गंभीरता और भावनाओं की गहराई को बख़ूबी संप्रेषित करती है। 'हमारी नदियाँ मर रही हैं' कविता हमारी सांस्कृतिक धरोहर और प्राकृतिक संसाधनों के प्रति दायित्व का आह्वान है।

भानु प्रकाश रघुवंशी की कविताएँ पर्यावरणीय चेतना के गहन संवेदनशील अनुभवों को अभिव्यक्त करती हैं। उनकी कविता 'बारिश के ठीक पहले का दृश्य' में प्रकृति के मानवीकरण का अद्भुत रूप दिखाई देता है। कवि झरने को किसान के आँसुओं से उपमित करते

हुए प्रकृति और मानव जीवन के बीच एक गहरा संबंध स्थापित करता है। 'घनघोर घटाओं के साथ पछुआ हवाएँ तेज़ हो चली हैं' जैसी पंक्ति आगामी जीवन की संभावना और आशा का संकेत देती है। झींगुरों और कोयल की तान, नदियों की नवविवाहिता-सी प्रसन्नता और धरती का बाँह फैलाकर स्वागत करना, इन सबसे कवि ने जीवन के पुनरुत्थान और उल्लास के क्षणों को सजीव कर दिया है। इसके साथ ही 'अल्पवृष्टि और क़र्ज़ के बोझ से दबी 'कलुआ' की देह' ग्रामीण जीवन के दारुण यथार्थ और त्रासदी को उजागर करती हैं। आत्महत्या और प्रशासनिक उदासीनता का चित्रण यह व्यक्त करता है कि प्राकृतिक संतुलन बिगड़ने के कारण मानवीय जीवन किस तरह संकटग्रस्त हो गया है।

कविता 'मेरे पेड़ होते ही' में कवि ने अपनी आत्मा को प्रकृति में विलीन कर पेड़ों के जीवन और उनके संघर्ष को प्रत्यक्ष रूप से अनुभव किया है। 'जड़ों की तरह धँस गए मेरे पाँव एक कठोर परत के नीचे' में प्रकृति के स्थायित्व और सहनशीलता का उल्लेख है। पेड़ों पर सर्दी-गर्मी और बरसात का प्रभाव कवि के अनुभव से गुज़रता हुआ मानवीय दृष्टिकोण में परिवर्तन की माँग करता है। यह कविता यह भी इंगित करती है कि पेड़ों के साथ मनुष्य की संवेदनहीनता उनके अस्तित्व को संकट में डाल रही है। 'पेड़ होने से पहले तक, मैं भी कहाँ सुन पाता था उनकी चीख़-पुकार' मानवीय उदासीनता पर तीखा व्यंग्य करती है और प्रकृति के प्रति हमारी ज़िम्मेदारी का बोध कराती है।

इन कविताओं में प्रकृति और मानव के बीच संबंधों को न केवल देखा गया है, बल्कि अनुभव और संवेदनाओं के स्तर पर आत्मसात किया गया है। रघुवंशी की ये रचनाएँ पर्यावरणीय संकट और मानवीय दायित्व पर एक गहरी दृष्टि डालती हैं।

कैलाश केशरी की कविता 'संथाल परगना की पुकार' मानव लालसा और प्रकृति के विनाश के बीच संवाद का सजीव प्रतीक है। कविता अपनी आरंभिक पंक्तियों में संथाल परगना की दिव्य भव्यता को चित्रित करती है, जहाँ 'झरनों का संगीत और वन्यजीवों की गूँज' किसी स्वर्गिक मिथक का आभास कराती है। कवि ने राजमहल की ऊँचाइयों से उतरती जलधाराओं को नीलकंठ की जटाओं से जोड़कर प्रकृति की पवित्रता का

अद्‌भुत रूपक प्रस्तुत किया है। साहिबगंज और दुमका के पहाड़ों को 'गगनचुंबी प्रहरी' कहकर कवि ने उन्हें न केवल प्रकृति के संरक्षक के रूप में देखा है, बल्कि मानवीय जीवन के लिए उनके महत्त्व को भी रेखांकित किया है।

कविता के मध्यभाग में आधुनिकता के क्रूर हाथों से पर्यावरण के विनाश का दारुण सत्य उद्‌घाटित होता है। 'मशीनों की आवाज़ें', 'पत्थरों का उत्खनन' और 'बजरी और सीमेंट के लोभ' जैसे वाक्यांश उन घावों को उकेरता है, जो लालच ने पहाड़ों और जंगलों पर किए हैं। 'जंगलों का हरियालापन... राख हो चुका है' पंक्ति एक ओर प्रकृति की करुण पुकार को मुखरित करती है तो दूसरी ओर मानवीय संवेदनहीनता पर कटाक्ष है।

कविता का अंतिम अंश पहाड़ों की निरंतर आशा और मानव चेतना को जगाने का आह्वान है। 'हमें बचाओ' कविता का स्वर पहाड़ों की पुकार में संपूर्ण पर्यावरण की आत्मा से फूटता वह विलाप है, जो अपनी ही सृष्टि में लिप्त मानवता से मुक्ति की याचना कर रहा है। 'क्या हम हाथ थामेंगे' जैसे काव्य-अंश आत्ममंथन के लिए बाध्य करते हैं। कविता प्रकृति के प्रति कृतज्ञता और उसके संरक्षण की गहन आवश्यकता को प्रभावी ढंग से व्यक्त करती है।

कुंदन सिद्धार्थ की कविताएँ प्रकृति, प्रेम और मनुष्य के आंतरिक तथा बाह्य जीवन के गहन संबंधों को सजीव करने का दुर्लभ प्रयास हैं। उनकी कविताएँ एक ओर प्रकृति की गूढ़ संवेदनाओं को व्यक्त करती हैं, तो दूसरी ओर वे मनुष्य को आत्मावलोकन और उसके भीतर छिपी कोमलता का साक्षात्कार कराती हैं। 'वसंत' में कवि बसंत के प्रतीक से प्रेम की प्रथम अनुभूति को ऐसा स्वर देता है जो उसे समय और प्रकृति से एकाकार कर देता है। 'फूल' कविता प्रकृति को प्रेम का शाश्वत संवाद मानते हुए फूलों को उस संवाद के जीवंत अक्षरों के रूप में प्रस्तुत करती है। यह दृष्टि कवि के भीतर के गहरे सौंदर्य-बोध को व्यक्त करती है।

'पृथ्वी' कविता में चिड़िया, पेड़ और स्त्री के दुखों को पृथ्वी के साथ जोड़कर कवि यह दिखलाने की कोशिश करता है कि प्रकृति और मनुष्य के भाव एक-दूसरे से कितने अभिन्न हैं। 'बाहर-भीतर: यह जीवन' कविता बाह्य अनुभवों और

आंतरिक परिवर्तन के न्यस्त संबंध को चित्रित करती है जिसमें नदी, पेड़, फूल और चिड़िया से कवि आत्मा के विस्तार और भीतर की समृद्धि का अनुभव कराता है। 'चिंतित तितली' और 'एक विलुप्तप्राय घटना' कविताएँ, तितली को प्रकृति और जीवन के सौंदर्य का प्रतीक मानती हैं। तितली की चिंता कवि की चिंता बन जाती है जो मानवीय संवेदनशीलता और पर्यावरणीय चेतना का प्रतीक है।

कवि की भाषा सरल, मगर अर्थगर्भित है जिसमें प्रतीक और बिंब एक अद्भुत सौंदर्य रचता है। इन कविताओं में प्रकृति और प्रेम का जो तादात्म्य रचा गया है, वह मनुष्य को उसकी खोई हुई सहजता और कोमलता की ओर लौटने का निमंत्रण देता है। कुंदन सिद्धार्थ की कविताएँ पाठक को प्रकृति से आत्मीयता और उसके संरक्षण की अनिवार्यता का स्मरण कराती हैं जो इन्हें विशिष्ट और प्रासंगिक बनाती है।

ललन चतुर्वेदी की कविता 'हत्यारे' सभ्यता के विकास के नाम पर प्रकृति के प्रति मानव की निर्ममता और स्वार्थपरकता को गहराई से उद्घाटित करती है। कवि कहता है कि वेदनाएँ जो मनुष्य की भाषा में अभिव्यक्त नहीं हो सकीं, उसने प्रकृति के मूक कष्ट को और अधिक असहाय बना दिया। वृक्षों की कराह, जड़ों के आँसू और असंख्य जीवों की प्राण-याचना को कवि ने मार्मिक रूप में प्रस्तुत किया है। कुल्हाड़ी के प्रहार से गिरते वृक्ष और उसकी पीड़ा को महसूस करने में असमर्थ मनुष्य अपनी तथाकथित 'सभ्यता' के आवरण में आत्ममुग्ध है। कवि कहता है कि मिट्टी जिसने जड़ों को सदैव सहारा दिया, आज उसी की छाती पर अत्याचार किए जा रहे हैं। कविता का शोकपूर्ण स्वर मनुष्य की स्वार्थपूर्ण मानसिकता पर एक कठोर प्रश्नचिह्न लगाता है।

कवि उस पाखंड को उजागर करता है जिसमें मनुष्य अपने को सभ्य और सुसंस्कृत मानता है, लेकिन प्रकृति पर अत्याचार करते हुए उसकी मानवता कहीं खो जाती है। पत्तों की सिसकियाँ और असंख्य जीवों की गुहार को न सुनने वाला मनुष्य अपनी ताक़त पर गर्व करता है, जबकि कवि कहता है कि यह ताक़त स्वयं मानवता के लिए घृणास्पद हो चुकी है। कविता का अंतिम कथन, 'केवल इंसानों की जान लेने वाले ही हत्यारे नहीं होते'—अपने भीतर एक कटु सत्य समेटे हुए है जो मानव को उसकी असीमित क्रूरता के प्रति आत्मचिंतन के लिए प्रेरित करता है।

चतुर्वेदी की यह कविता मूक प्रकृति के प्रति एक गहरी करुणा और पर्यावरणीय चेतना का प्रतीक है जो मानवीय आत्ममंथन का आह्वान करती है।

सरिता स्निग्ध ज्योत्स्ना की कविताएँ अपने विषय, शिल्प और गहन सामाजिक चेतना के लिए प्रशंसनीय हैं। ये कविताएँ केवल पर्यावरणीय समस्याओं का बयान नहीं करतीं, बल्कि मानव जीवन के नैतिक पतन और प्रकृति के साथ उसके संबंधों में आए कृत्रिमता के संकट को गहराई से उद्घाटित करती हैं। 'धरा के बारे में' कविता में कवयित्री ने माँ और धरा की तुलना करते हुए मनुष्य की स्वार्थपरकता को रेखांकित किया है। धरा का निरंतर तपना, मिटना और फिर भी प्रसन्न रहना उस त्याग का प्रतीक है जिसे मनुष्य न समझ सका, न सराहा। 'परिवर्तन' कविता एक मार्मिक बयान है, जिसमें कवयित्री आधुनिक जीवन की संवेदनहीनता को उभारती है। प्लास्टिक के पेड़-पौधों और कृत्रिम हरियाली का चित्रण मनुष्य के जीवन में नैसर्गिकता की कमी की ओर संकेत करता है।

'आम और ख़ास' कविता आम आदमी के सपनों और उसकी विडंबनाओं का करुण चित्रण है, जहाँ अमीरों और प्रभावशाली लोगों के लाभ के बीच साधारण मनुष्य अपनी छोटी-सी ख़ुशियों तक सीमित रह जाता है। इन कविताओं में संवेदनाओं की गहराई और शिल्प की स्वाभाविकता साहित्यिक सौंदर्य का अद्वितीय समावेश है।

बलवंत नीब की कविताएँ प्रकृति, पर्यावरण और मानव जीवन की विडंबनाओं का जीवंत चित्रण प्रस्तुत करती हैं। उनकी कविताओं में गहन पर्यावरणीय चेतना और मनुष्य की स्वार्थी प्रवृत्तियों के प्रति आक्रोश स्पष्ट दिखाई देता है। 'पत्थर और पहाड़' कविता में पहाड़ को केवल भौतिक संसाधन के रूप में देखे जाने की मानवीय प्रवृत्ति पर प्रहार किया गया है। कवि ने पहाड़ को एक जीवंत पात्र के रूप में उकेरा है जिसकी वेदना मानवीकरण से पाठक के समक्ष आती है। पहाड़ के ह्रास को कवि ने एक मुरझाई हुई स्त्री के

प्रतीक के रूप में प्रस्तुत किया है जो उसकी करुणा और संवेदनशीलता को व्यक्त करता है। कविता में पहाड़ के खनन को मानवीय लालच और मशीनीकरण के प्रतीक के रूप में चित्रित किया गया है, जो अंततः कवि की आत्मा को भी विदीर्ण कर देता है।

'अंधा विकास' कविता विकास के नाम पर प्रकृति के विनाश को दर्शाती है। कवि ने सड़क चौड़ीकरण योजनाओं के संदर्भ में पेड़ों और पहाड़ों के क्रमिक ह्रास का उल्लेख किया है। यह कविता आधुनिक सभ्यता के विकास के पीछे छिपे पर्यावरणीय विनाश को सटीक रूपकों से पाठक के समक्ष रखती है। इसी तरह, 'सामने वाली पहाड़ी' कविता में कवि और पहाड़ी के बीच एक आत्मीय संबंध का चित्रण है। पहाड़ी का प्रतीक कवि के मन में प्रकृति के प्रति गहरी संवेदना और लगाव को प्रकट करता है। पहाड़ी का स्थायित्व और उसकी उपस्थिति कवि के लिए आशा और प्रेरणा का स्रोत बन जाती है।

'नदी' कविता में कवि ने नदी की अविचल धारा को मानवीय साहस और धैर्य का प्रतीक बनाया है। वह नदी को प्रकृति के आत्मनिर्भर और निस्वार्थ पक्ष के रूप में प्रस्तुत करते हुए उसे मानवीय स्वार्थों के ख़िलाफ़ खड़ा करता है। यह कविता नदी की शक्ति और उसके अस्तित्व की लड़ाई को बताती है। 'झील का मरना' कविता में झील को एक ऐसी इकाई के रूप में देखा गया है, जो मनुष्य के लालच और पर्यावरणीय उपेक्षा के कारण मृत्यु के कगार पर है। कवि ने झील के मरने की प्रक्रिया को कैंसर जैसे रोग से जोड़ा है जो उसकी संवेदनशील अभिव्यक्ति को और तीव्र बना देता है। सरकारी प्रयासों की विफलता को कवि ने तीव्र कटाक्ष के साथ चित्रित किया है।

'प्रेरित' कविता में कवि ने कविता के मूल में प्रेरणा के स्रोत की खोज की है। आदिम कवि और चिड़िया के चहकने से शुरू हुई प्रेरणा की परंपरा को कवि अपने समय तक ले आता है। यह कविता कवि की रचनात्मकता और जीवन के प्रति सकारात्मक दृष्टिकोण का परिचायक है। बलवंत नीब की कविताएँ सरल, स्वाभाविक और बिंबात्मक हैं, जो पाठक को गहराई से प्रभावित करती हैं। उनकी रचनाओं में मानवीय संवेदनाएँ और पर्यावरणीय चेतना का सुंदर समन्वय देखने को मिलता है। इन कविताओं के द्वारा कवि ने प्रकृति और मनुष्य के संबंधों को नए दृष्टिकोण से प्रस्तुत किया है, जो पाठक को आत्ममंथन के लिए प्रेरित करता है।

सत्या शर्मा 'कीर्ति' की कविताएँ प्रकृति और पर्यावरण के प्रति गहरी संवेदना का दस्तावेज़ हैं। उनकी कविता 'कोशिश' नदियों के प्रवाह और समुद्र में उनके विलय को जीवन को बनाए रखने के एक निरंतर संघर्ष के रूप में देखती है। यह रचना नदियों के अस्तित्व और उनकी जिजीविषा को एक नई दृष्टि से समझने का आह्वान करती है, जिसमें प्रकृति की अंतर्निहित क्षमता और उसका अमरत्व झलकता है।

कविता 'धरती उदास है' में धरती को मानव भावनाओं से जोड़कर दिखाया गया है। कवयित्री ने धरती को माँ की तरह जीवंत स्वरूप दिया है, जो अपनों के बीच प्रेम, सुख-दुख, संघर्ष और असहायता का अनुभव करती है। यह कविता युद्ध और पर्यावरणीय असंतुलन के बीच धरती के दर्द को बेहद मार्मिक ढंग से व्यक्त करती है, मानवीय लालच और विनाशकारी प्रवृत्तियों पर सोचने को मजबूर करती है।

'पुरखन' गौरैया से एक पुरानी सांस्कृतिक चेतना को पुनर्जीवित करती है। दादी की स्मृतियों में संरक्षित इस पक्षी को कवयित्री ने भविष्य की उम्मीद और सहजीवन के प्रतीक के रूप में चित्रित किया है। गौरैया का छोटा-सा कार्य, जैसे चोंच भर पानी लाना, धरती के पुनर्निर्माण और जीवन को बचाए रखने की गहरी सीख देता है।

'पेड़' कविता में मानव और प्रकृति के बीच के जटिल संबंधों का मार्मिक चित्रण मिलता है। पेड़ से दरवाज़ा बनने की यात्रा केवल उपयोगितावाद का प्रतीक नहीं, बल्कि एक जीवंत अस्तित्व के ठूँठ में बदलने की करुण कहानी है। कवयित्री ने इस रूपक से प्रकृति के शोषण और उसकी जिजीविषा को गहराई से अभिव्यक्त किया है।

'आज फिर उदास हैं नदियाँ' में नदियों का सूखना केवल जल-संकट का प्रतीक नहीं, मानवता के उजड़ते सपनों और पर्यावरणीय त्रासदी का प्रतिबिंब भी है। स्त्रियों की प्यास, सूखते जल स्तर और निर्वसन वृक्षों के द्वारा कवयित्री ने एक गहरी व्यथा को व्यक्त किया है। यह कविता नदियों के मौन क्रंदन के साथ मानव जीवन की निर्भरता और उसकी अनदेखी का चित्र खींचती है।

इन कविताओं में कवयित्री का दृष्टिकोण पर्यावरणीय चिंताओं को रेखांकित

करता है और जीवन और प्रकृति के बीच के गहरे संबंध को भी पुनर्परिभाषित करता है। यह सृजनशीलता अपनी सहज भाषा और गहरी संवेदना के कारण पाठकों के मन को छू जाती है।

शेखर सावंत की कविताएँ 'पानी की गुहार' और 'पृथ्वी के रजस्वला होने से पहले' पर्यावरणीय चेतना को काव्यात्मक अभिव्यक्ति प्रदान करती हैं। कवि कहता है : होगा, जबकि शेष दुनिया कहती है, नहीं होगा। यहाँ कवि की वाणी संभावनाओं और ज़िम्मेदारियों का उद्घोष करती है। 'अगर चाहते हो कि...मुझे लिपिबद्ध न करो' जैसे संवादों में कवि की आह्वानात्मक शैली झलकती है। यह दिखाता है कि कवि न केवल प्रकृति के मौन में संवाद करना जानता है, बल्कि उसके संरक्षण के लिए भी चिंतित है।

'पृथ्वी के रजस्वला होने से पहले' कविता में कवि कहता है, पृथ्वी के जन्म से पूर्व सब कुछ निश्चल और शांत था, लेकिन उसकी ममता को लूटने वाले बहेलिए उसकी कोख में उत्पन्न हुए। कवि की पंक्ति 'आधुनिक बनते जाने के क्रम में अपनी माँ पृथ्वी के प्रति इतनी हैवान कैसे होती चली गईं' मानवीय संवेदनहीनता की कड़ी भर्त्सना करती है। यह एक ऐसा सवाल है जो आज की पीढ़ी के लिए आत्ममंथन का आह्वान करता है।

सावंत की कविताएँ काव्यात्मक दृष्टि से समृद्ध हैं और पर्यावरणीय चेतना और मानवीय मूल्यों के प्रति गंभीर प्रतिबद्धता व्यक्त करती हैं। उनका लेखन इस बात का प्रमाण है कि कवि की दृष्टि भविष्य के लिए संभावनाएँ तलाशने और समाज को चेताने का स्त्रोत बनती है।

कमलजीत चौधरी की कविताएँ पर्यावरणीय विनाश, मानवीय संवेदनाओं की उपेक्षा और आधुनिकता के अँधेरे पक्षों की गहराई से पड़ताल करती हैं। कविता 'अश्वमेधी घोड़ा' में कवि उपभोक्तावादी प्रवृत्ति के उस भयावह पहलू को व्यक्त करता है, जो प्रकृति के साथ युद्धरत है।

'तुम्हें पेड़ से हवा नहीं, लकड़ी चाहिए' जैसे वाक्य आधुनिक सभ्यता की निर्ममता को उजागर करता है। यह कविता मात्र पर्यावरणीय चेतना का आह्वान नहीं, बल्कि मानव के नैतिक दिवालियापन का संकेत है। अश्वमेधी घोड़ा, जो शक्ति और वर्चस्व का प्रतीक है, यहाँ विनाश और अंततः असहायता का बिंब बन जाता है, जब कवि पूछता है, 'तुम्हारा यह अश्वमेधी घोड़ा पानी कहाँ पिएगा?' यह अस्तित्व का प्रश्न है।

'माँ, इंतज़ार करना' कविता आधुनिकता और परंपरा के बीच फँसे ग्रामीण जीवन का मार्मिक चित्रण करती है। 'टी.वी. पर दिखने वाला एक इज़्ज़तदार राक्षस' सत्ता और पूंजीवाद का प्रतीक है, जो गाँव का पानी पीकर वहाँ की जीवनरेखा को ख़त्म कर देता है। माँ की हाँक और बेटे का पानी तलाशने निकलना, सामूहिक विश्वास और प्राकृतिक संसाधनों की रक्षा का आह्वान है। 'माँ के चावलों के लिए पानी माँग रही हल' जैसे वाक्य कृषि संकट के साथ-साथ पूरी सभ्यता के संकट का प्रतीक हैं। कविता में अंतर्निहित मर्म पाठक को गहराई से आंदोलित करता है।

'क्रोध का पेड़' कविता में प्रेम और प्रकृति की रक्षा का एक असामान्य प्रस्ताव है। 'कुल्हाड़ी कंधे पर रखकर / पेड़ के लिए बचाना है / क्रोध का पेड़' जैसे वाक्य हमें यह सोचने पर विवश करते हैं कि क्रोध, जो प्रायः विध्वंस का कारण बनता है, यहाँ रचनात्मकता और जीवन के संरक्षण का माध्यम बन जाता है। यह कविता सरलता में छिपी गहनता से हमें प्रेरित करती है कि प्रेम और प्रकृति को बचाने के लिए हमें अपने दृष्टिकोण को बदलना होगा।

'पेड़ का बयान' कविता कम शब्दों में गहरी संवेदना जगाती है। 'प्रेम की जड़ों में पानी और टहनी पर चिड़िया बैठी रहे' जैसे वाक्य प्रकृति और मानवता के बीच अदृश्य लेकिन अटूट संबंध को परिभाषित करता है। यह कविता प्रेम और सहअस्तित्व की वकालत करते हुए मानव जीवन को पुनः संतुलन में लाने का प्रयास करती है।

'काव्य-गुरु' में कवि ने साहित्यिक जगत की सतही प्रवृत्तियों पर गहरा कटाक्ष किया है। 'वे सुनाते हैं फूल और रंग की कथाएँ, वे नहीं बताते तितली और मधुमक्खी की व्यथाएँ' जैसे वाक्य रचनात्मकता की खोखली परंपराओं को व्यक्त करते हैं। यह कविता कवि से रचनात्मकता के वास्तविक अर्थ और उद्देश्य पर विचार करने की अपेक्षा करती है। कमलजीत चौधरी की कविताएँ पढ़ने के साथ,

उसे महसूस करने और अपने भीतर एक गहरा बदलाव लाने के लिए प्रेरित करती हैं। उनका लेखन संवेदना, प्रकृति और मानवीय मूल्यों के पुनर्स्थापन की दिशा में एक ठोस क़दम है।

डॉ. अन्नपूर्णा सिसोदिया की कविताएँ न केवल प्रकृति की दुर्दशा का चित्र खींचती हैं, बल्कि मानवीय संवेदनहीनता और पर्यावरणीय असंतुलन पर गहरा प्रहार करती हैं। 'जल, जंगल और जानवर' कविता आधुनिक जीवन के विनाशकारी प्रभावों का एक मार्मिक चित्रण हैं। इसमें कवयित्री ने नदियों, जंगलों और जानवरों के अस्तित्व पर मानवीय हस्तक्षेप को केंद्र में रखते हुए पर्यावरणीय त्रासदियों की ओर हमारा ध्यान आकर्षित किया है। बाढ़, जंगलों का विनाश और जानवरों के विस्थापन जैसे प्रसंग पाठक को विचारवान बनाते हैं और हमारे कृत्यों के प्रति आत्मालोचन का अवसर भी देते हैं। कवयित्री का आरोप स्पष्ट है—मानव ही वह प्राणी है जिसने सीमाएँ लाँघकर अपने भौतिक सुखों के लिए प्रकृति को क्षत-विक्षत किया है। शब्दचित्र इतने सजीव हैं कि पाठक स्वयं को उस मलबे, नदी और जंगल के दर्द का साक्षी महसूस करता है। कविता की संवेदनशीलता और गहनता उस सत्य को उद्घाटित करती है जिसे प्राय: लोग अनदेखा कर देते हैं।

दूसरी ओर, 'चिड़िया तुम आओगी न' कविता मानवीय स्मृतियों और प्रकृति के बीच गहराते अंतर को बड़ी ख़ूबसूरती से अभिव्यक्त करती है। यह कविता एक ओर कवयित्री के बचपन की स्मृतियों में चिड़िया और आँगन के आनंदमय संसार की पुनरावृत्ति करती है तो दूसरी ओर यह शहरों के बदलते स्वरूप और प्रकृति से कटते मानव जीवन की त्रासदी को बयान करती है। चिड़िया यहाँ प्रकृति के उल्लास का प्रतीक भी है, जो अब मानवीय संवेदनहीनता और आधुनिकता की दौड़ में खो चुकी है। बालकनी और कंक्रीट के जंगल के प्रतीकात्मक प्रयोग से कवयित्री ने यह प्रश्न उठाया है कि क्या हम अपने भविष्य के लिए वह संसार तैयार कर रहे हैं, जहाँ प्रकृति की मधुरता और शांति लौट सके। कविता का भावात्मक उत्कर्ष उस पौधे के सूखने में है जो कवयित्री की आशा और प्रकृति की वापसी की संभावना को समाप्त करता है।

दोनों कविताएँ पर्यावरणीय चेतना के निमित्त मानवीय संवेदना को आंदोलित करने का काम करती हैं। इनमें भाषा सरल, प्रवाहमयी और अर्थगर्भित है, जो पाठक के हृदय में गहरे उतरती है। कवयित्री ने प्रकृति के प्रतीकों और मानवीय गतिविधियों के विरोधाभास को इतने मार्मिक ढंग से प्रस्तुत किया है कि ये कविताएँ पाठक को चिंतन के लिए प्रेरित करती हैं और उसे अपने कार्यों की ज़िम्मेदारी समझने का अवसर भी देती हैं।

सुरेश शर्मा की कविताएँ प्रकृति और पर्यावरण के बिंबों से मानव सभ्यता की संवेदनाओं और चिंताओं को प्रकट करती हैं। उनकी कविताओं में पेड़ और नदी न केवल पर्यावरणीय उपकरण हैं, बल्कि जीवन और अस्तित्व के गहन प्रतीक बन जाते हैं। 'पेड़' कविता में कवि पेड़ को धरती और पहाड़ का लिबास, बादल और धरती के संवाद का माध्यम और बसंत का अनुवाद कहकर उसकी बहुआयामिता को रेखांकित करता है। पेड़ के होने से जीवन, भाषा, कविता और समूची पृथ्वी की हरियाली संभव होती है। वहीं पेड़ के कटने को कवि ने नदी के सूखने, पहाड़ के दरकने और पृथ्वी की प्रार्थना के बाँझ हो जाने जैसे सजीव रूपकों से जोड़ा है। यह कविता प्रकृति के संतुलन के महत्व और उसके ह्रास पर गहरे आघात की अनुभूति कराती है।

'पेड़' कविता में कवि ने पेड़ के कटने और उसके परिणामस्वरूप बदलते मौसम, खोई हुई छाया और उजाड़ परिदृश्य को मार्मिक रूप से वर्णित किया है। 'हरी क़मीज़' और 'पेड़-चौकीदार' जैसे प्रतीकों का उपयोग कर कवि ने पेड़ों के महत्व को पर्यावरणीय संरचना और मानवीय जीवन के रक्षक के रूप में उभारा है। कविता की तीसरी कड़ी में, आदमी का पेड़ काटने और फिर छाँव की तलाश करने का विरोधाभास हमारे समाज की विडंबनापूर्ण मानसिकता को व्यक्त करता है। यह कविता हमें अपने ही विनाशकारी व्यवहार पर पुनर्विचार करने को विवश करती है।

'नदी' पर आधारित कविताएँ नदी को जीवंत, स्त्रीवत और चेतन अस्तित्व के रूप में अभिव्यक्त करती हैं। पहली कविता में नदी को एक चंचल तरुणी और संतति के प्रति उत्तरदायी माँ के रूप में देखा गया है, जो उमड़ती, गरजती और अंततः समर्पित होकर इतिहास का हिस्सा बन जाती है। दूसरी कविता में नदी को

अपराजित मन के प्रतीक के रूप में उकेरा गया है। कवि ने नदी को पराजय से बचने की प्रेरणा के रूप में चित्रित किया है, यह मानते हुए कि जब मन हारता है, तभी जीवन और सभ्यता का पतन होता है। तीसरी कविता में नदी की शहर के लिए उपयोगितावादी दृष्टिकोण और उसकी वृद्धावस्था का चित्रण किया गया है, जो उसकी रीत चुकी शक्ति और प्यास की कथाओं तक सीमित हो जाने को व्यक्त करता है।

सुरेश शर्मा की कविताएँ अपनी गहन संवेदनशीलता और प्रकृति के प्रति करुणा से भरपूर हैं। उनकी भाषा प्रवाहमयी और बिंबात्मक है जो पाठक की चेतना को आलोड़ित करने की क्षमता भी रखता है।

आरती तिवारी की कविताएँ प्रकृति और मानवीय संवेदनाओं के बीच एक गहरे जुड़ाव को व्यक्त करती हैं। 'अमलतास' कविता में एक वृक्ष को केंद्र में रखते हुए कवयित्री स्मृतियों और वर्तमान के द्वंद्व को व्यक्त करती है। अमलतास का सुनहला सौंदर्य और उसकी मुस्कान कवयित्री को मायके की याद दिलाती है, जो पेड़ों के झूमर प्रकृति का सजीव चित्र खींचता है। कविता में शहरीकरण के कारण वृक्षों के अकेलेपन और उनकी उपेक्षा को मार्मिक ढंग से चित्रित किया गया है। 'सुनो वृक्षराज' जैसा संबोधन कविता को एक आत्मीयता प्रदान करते हैं, जबकि मायके के पेड़ों और उनके साथ जुड़ी यादें पाठक को अपनी जड़ों की ओर लौटने का संदेश देती हैं।

'ग्रीन वैली' कविता में कवयित्री स्मृतियों और वर्तमान के पर्यावरणीय संकट के बीच की खाई को चित्रित करती है। बचपन की हरियाली, देवदार और पहाड़ी झरनों की छवि वर्तमान में प्लास्टिक के पेड़ों और मशीनी कलरव से टकराती है। 'कहीं ये चाँद तारे भी असली न हुए तो?' जैसा प्रश्न पर्यावरणीय असंतुलन और कृत्रिमता पर गहरी चिंता व्यक्त करता है। यह कविता न केवल अतीत की हरी-भरी छवियों को जीवंत बनाती है, वरन् आधुनिक जीवन की विडंबनाओं को भी खोलती है। इन कविताओं का शिल्प सहज और प्रवाहमय है, जो पाठक को सोचने पर विवश करता है।

राम निवास बाँयला की कविताएँ 'बूढ़ा पेड़', 'कल्पवृक्ष' और 'आक' पर्यावरणीय चेतना और प्रकृति के साथ मानवीय स्वार्थपूर्ण संबंधों का गंभीर आकलन करती हैं। इन कविताओं में प्रकृति की पीड़ा, मनुष्य की संवेदनहीनता और पर्यावरणीय असंतुलन के गहरे बिंब उभरते हैं। कवि ने सरल, किंतु गहन प्रतीकों से उन जटिल यथार्थों को अनावृत किया है, जो हमारे समय के पर्यावरणीय संकट के मूल हैं।

'बूढ़ा पेड़' अपने आरंभिक शब्दों, 'आज / बिलख पड़ा / बूढ़ा पेड़', से उस मौन विलाप को स्वर देता है, जो कटते हुए वनों और नष्ट होते पर्यावरण का दारुण चित्र प्रस्तुत करता है। यह पेड़ केवल एक प्राकृतिक संसाधन नहीं, जीवित सत्ता का प्रतीक भी बनता है, जो मनुष्य के असंवेदनशील उपभोगवादी दृष्टिकोण का शिकार है। 'और पुतेंगे काग़ज़ / और कटेंगे पेड़', यह पंक्ति एक गहरी त्रासदी को सामने लाती है, जहाँ सभ्यता की तथाकथित प्रगति के नाम पर जीवन के आधार को नष्ट किया जा रहा है। यह दोहराव प्रकृति की दुर्दशा को रेखांकित करता है और पाठक के भीतर एक आत्मालोचन की प्रक्रिया भी प्रारंभ करता है।

'कल्पवृक्ष' में कवि ने एक अद्भुत विरोधाभास को चित्रित किया है। 'मेरे खेत किनारे उग आया एक पेड़ / जैसे उगते हैं सभी', से शुरू होने वाली यह कविता प्रकृति के सहज उद्भव को दर्शाती है, लेकिन श्रद्धा, विकास और सुविधा के नाम पर उस सामूहिक विनाश को सामने लाती है, जिसमें खेत, मवेशी और स्थानीय संसाधन सब कुछ का बलिदान हो जाता है। 'उजाड़कर मुझे / मेरे खेत / मेरी नसल / मेरी फसल'—यह पंक्ति उस दर्द को साकार करती है, जो एक किसान अपनी धरती और अपने अस्तित्व के क्षय में अनुभव करता है। कल्पवृक्ष यहाँ केवल एक पवित्र वृक्ष नहीं, उस त्रासदी का भी प्रतीक बनता है, जहाँ विकास का अर्थ विनाश हो गया है। अंत में, 'अब मैं बैठकर उसके नीचे / माँग रहा हूँ / मेरा ही खेत मन्नत में'—याचना हमें उस कटु सत्य से परिचित कराती है, जहाँ मनुष्य को अपनी ही प्रकृति से उसकी मूल धरोहर छीननी पड़ रही है।

'आक' कविता रेगिस्तान की कठोर भूमि पर भी जीवित रहने की अदम्य शक्ति का प्रतीक है। 'मैं पूत धरा / हूँ खड़ा हरा' पंक्ति आक की जीवटता को प्रकृति के संघर्ष का पर्याय बनाती है। कवि आक को उस सजीव आत्मा के रूप

में प्रस्तुत करता है, जो विषम परिस्थितियों में भी अपने अस्तित्व और हरियाली को बनाए रखने के लिए प्रतिबद्ध है। 'जो हैं आहत / दे रहे राहत'—पंक्ति प्रकृति के अंतर्निहित दायित्व और उसकी सेवा-भावना को उद्घाटित करती है। आक का धरती की कृतज्ञता और मनुष्य के साथ अविचल संबंध है।

राम निवास बाँयला की इन कविताओं में पर्यावरणीय चेतना के साथ-साथ उस मानवीय विवेक को भी जाग्रत करने का प्रयास किया गया है, जो प्रकृति को साधन और सहचर, दोनों के रूप में देखने की दृष्टि प्रदान करता है। उनकी काव्य भाषा में मर्म, आह्वान और चेतावनी का अनूठा संगम है, जो पाठक को भीतर तक आलोड़ती है और प्रकृति के प्रति हमारे दायित्वों को पुनर्परिभाषित करती है।

समकालीन हिंदी ग़ज़ल में पर्यावरण संचेतना

समकालीन हिंदी जनवादी ग़ज़लों ने भी पिछले पचास वर्षों में कविता की तरह ही हिंदी साहित्य में एक ऐसा मुक़ाम हासिल कर लिया है कि यह मनुष्य की आदिम छटपटाहट और उसके राग को व्यक्त करने के लिए एक बहुत ही माक़ूल और सशक्त विधा के रूप में देखने को मिल रही है। कविता की तरह हिंदी ग़ज़लों में भी पर्यावरण की अभिव्यक्ति बहुत अनूठे मिज़ाज से हुई है, हालाँकि कम ही ग़ज़लगो पर्यावरण पर शिद्दत और सावधानी से अपनी क़लम चला पाए हैं।

सबसे पहले मैं वयोवृद्ध जनवादी वरिष्ठ ग़ज़लकार **रामकुमार कृषक** के कुछ शेरों की बात करूँगा। उनका एक शेर है :

सदियों को संस्कृतियाँ सदियों को सभ्यताएँ
जंगल ही रह गया है देकर विकास जंगल

यह शेर सभ्यता के विकास की विडंबनाओं को प्रकट करता है जहाँ सदियों की संस्कृतियाँ और सभ्यताएँ अपने अस्तित्व की क़ीमत पर आगे बढ़ी हैं, किंतु जंगल केवल जंगल बनकर रह गया है। विकास के नाम पर जिसे उजाड़ दिया गया। उसकी अपनी पहचान बनी रही, लेकिन मनुष्य अपनी विरासत को सँजो नहीं सका। यहाँ जंगल एक स्थाई और आत्मनिर्भर सत्ता के रूप में उभरता है, जबकि मानव निर्मित विकास अपने ही विरुद्ध जाता दिखता है।

जंगलों से गुज़रकर नदियाँ सभी शहरी हुईं
स्यात यों ही ताल-पोखर की तरह ठहरी हुईं

यहाँ नदियों का शहरी होना प्रकृति के प्रवाहमय जीवन से उसके ठहराव तक की पीड़ा को दर्शाता है। जंगलों के बीच स्वतंत्र बहने वाली नदियाँ जब शहरीकरण के दायरे में आती हैं तो वे प्राकृतिक गति खोकर ठहरे हुए जलाशयों में बदल जाती हैं, जो धीरे-धीरे प्रदूषण और निष्क्रियता का शिकार हो जाती हैं। यहाँ ताल-पोखरों के स्थिर पानी की छवि उस विकृति को उजागर करती है जो सभ्यता ने नदियों पर थोपी है।

गोमती-गंगा-ओ-यमुना कृष्णा-कावेरी सभी
अमृताएँ थीं मगर पीकर ज़हर ज़हरी हुईं

भारत की पवित्र और प्राचीन नदियाँ जो कभी अमृत तुल्य जीवनदायिनी थीं, वे विकास की अंधेरगर्दी में प्रदूषण और असंवेदनशील शहरीकरण के कारण विषाक्त हो गईं। यह शेर केवल पर्यावरणीय क्षति का उल्लेख नहीं करता, बल्कि सांस्कृतिक और आध्यात्मिक पतन का भी संकेत देता है। जल जो सृष्टि का आधार था, वही मनुष्य के स्वार्थ और लापरवाही से विनाशकारी रूप ले चुका है। यहाँ अमृत और ज़हर का विरोधाभास सभ्यता की आत्मघाती प्रवृत्ति को दर्शाता है।

घाटियाँ रोती हैं हरदम अट्टहासी हर शिखर
सल्तनत-दर-सल्तनत अंधी हुईं बहरी हुईं

यह शेर प्रकृति के संतुलन और मानव निर्मित सत्ता के बीच के संघर्ष को गहराई से चित्रित करता है। घाटियों का रोना और शिखरों का अट्टहास सत्ता की क्रूर असंवेदनशीलता को दर्शाता है जो केवल ऊँचाइयों की ओर देखती है और नीचे पसरे दर्द को अनदेखा कर देती है। इतिहास गवाह है कि सल्तनतें अपने वैभव और शक्ति के अहंकार में न केवल अंधी बल्कि बहरी भी हो गईं और यह क्रम आज भी जारी है, जहाँ सत्ता स्वयं के शोर में डूबी हुई है और पृथ्वी की वेदना को सुनने में असमर्थ है।

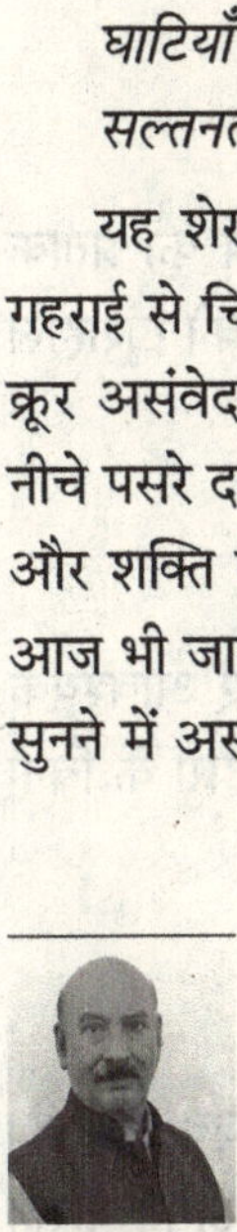

डी एम मिश्र हिंदी के एक ऐसे ही जनपक्षधर ग़ज़लकार हैं, जिनकी ग़ज़लों की अंतर्वस्तु जितनी गहन और जनपक्षधर है, उनकी भाषा उतनी ही लचीली व भावप्रवण। उनकी ग़ज़लों का ख़ास गुण उसकी रवानगी या प्रवाह है, जो ग़ज़ल-भाषा के बोलचाल की भाषा के काफ़ी क़रीब है।

मसलन, उसे समझने के लिए किसी 'डिक्शनरी' का सहारा नहीं के बराबर लेना पड़ता है। अतएव जनवादी ग़ज़लों में उसकी भाषा का जनभाषा में तब्दील होना ग़ज़ल के आलोचना-शास्त्र का एक बहुत ज़रूरी और विचारणीय 'फ़ैक्टर' है। इस दृष्टि से उनकी पर्यावरण पर एक लोकप्रिय ग़ज़ल ऊपर आरंभ में बतौर इस आलेख के मुखपत्र के रूप में लगाई गई है। इस ग़ज़ल की अंतर्वस्तु और उसके शिल्प को भी थोड़ा देख लें—

डी एम मिश्र की यह पर्यावरणीय ग़ज़ल, प्रकृति के प्रति मानवीय दायित्व और इसकी महत्ता को बड़े सरल और प्रभावी ढंग से व्यक्त करती है। प्रत्येक शेर में पर्यावरण का एक अलग पक्ष प्रस्तुत किया गया है।

रक्त का संचार है पर्यावरण
साँस की रफ़्तार है पर्यावरण

कवि लिखता है कि पर्यावरण जीवन का आधार है। यह मनुष्य के शरीर में रक्त के संचार और साँस की गति के समान अनिवार्य है। यहाँ यह शेर पर्यावरण की जीवनदायिनी भूमिका में उपस्थित है।

मन खिले, आँगन खिले, उपवन खिले
प्रकृति का श्रृंगार है पर्यावरण

पर्यावरण में प्रकृति की अद्‌भुत छ्टा भी है। ग़ज़लगो उसे सौंदर्य का प्रतीक मानता है। वह लिखता है कि पर्यावरण प्रकृति का श्रृंगार है, जो जीवन को ख़ुशहाल और सुंदर बनाता है।

फूल, फल या छाँव की ख़्वाहिश तो फिर
समृद्धि का भी द्वार है पर्यावरण

इस शेर में कवि कहता है कि पर्यावरण न केवल जीवन के लिए आवश्यक है, बल्कि यह समृद्धि और संतोष का भी स्रोत है। प्रकृति से प्राप्त उपहारों के बिना जीवन अधूरा है।

जन्म से लेकर मरण तक साथ दे
ज़िंदगी का सार है पर्यावरण

कवि लिखता है कि पर्यावरण हमारे जीवन के प्रत्येक चरण में मौजूद रहता है। यह शेर जीवन और मृत्यु के बीच पर्यावरण की सतत उपस्थिति को इंगित करता है जो एक बड़ी बात है।

उन परिंदों के लिए भी सोचिए
उनकी भी दरकार है पर्यावरण

यहाँ कवि मानवोचित व्यवहार से भी ऊपर उठकर पक्षियों और अन्य जीवों की आवश्यकताओं पर विचार करता है। वन, वायु,पेड़ आदि जितने भी प्रकृति के उपकरण हैं, वह सब उनके लिए ज़रूरी हैं। वह लिखता है कि पर्यावरण हर जीव के लिए समान रूप से महत्वपूर्ण है।

पेड़ रोता है कुल्हाड़ा देखकर
किस क़दर लाचार है पर्यावरण

ग़ज़ल के इस शेर में ग़ज़लकार पर्यावरण के मूल मुद्दे से मुख़ातिब होता है और मानवीय क्रूरता और स्वार्थ के कारण पर्यावरण की दुर्दशा का मर्मस्पर्शी चित्र प्रस्तुत करता है। पेड़ों का रोना मानवीय लालच के ख़िलाफ़ एक मूक विरोध है। यह पर्यावरणीय संवेदना का चरमोत्कर्ष है।

कम से कम गमले में ही पौधे लगा लें
क्योंकि ये आधार है पर्यावरण

इस शेर में कवि एक सरल लेकिन, प्रभावी सुझाव देता है। वह लिखता है कि अगर बड़े स्तर पर पर्यावरण का संरक्षण संभव न हो, तो छोटे स्तर पर ही सही, पौधे लगाना ज़रूरी है।

इस ग़ज़ल में डी एम मिश्र ने अत्यंत सरल और सहज भाषा का उपयोग किया है, जो जनमानस तक आसानी से पहुँचती है। शेरों में प्रतीकात्मकता और व्यंजना का अप्रतिम उपयोग हुआ है। 'रक्त का संचार' और 'पेड़ रोता है' जैसे बिंब पाठकों के हृदय को छूते हैं। कवि का लहजा संवेदनात्मक, लेकिन आशावादी है। ग़ज़ल का प्रवाह सजीव और सहज है, जिससे इसकी अपील सार्वभौमिक हो जाती है। यह ग़ज़ल पाठकों के हृदय को सिर्फ़ स्पर्श ही नहीं करती, उसके भीतर बहने भी लगती है। यही रवानगी डी एम मिश्र की ग़ज़लों की विशिष्टता है जो उन्हें अपने समकालीन ग़ज़लकारों से अलगाती है।

इनकी कुछ अन्य ग़ज़लों को भी देखिए—

अगर डी एम मिश्र की पर्यावरणीय ग़ज़लों को देखें तो यहाँ ग़ज़लगो के रूप में उनका परिचय पर्यावरणीय चेतना के संवेदनशील और मर्मस्पर्शी स्वर का परिचायक है। उनकी ग़ज़लें आधुनिक समय में प्रकृति के प्रति मनुष्य की

उदासीनता और स्वार्थ की गहरी पड़ताल करती हैं और जीवन व पर्यावरण के आपसी संबंध को भी विचार के केंद्र में लाती हैं। ग़ज़लगो ने पर्यावरणीय मुद्दों को न केवल कलात्मक अभिव्यक्ति दी है, बल्कि इन ग़ज़लों से एक गहन दार्शनिक दृष्टि भी प्रस्तुत की है। उनकी ग़ज़लें व्यक्तिगत स्मृतियों और सामाजिक यथार्थ से ऐसी सजीवता उत्पन्न करती हैं, जो पाठक को मर्म तक आलोड़ देती है।

ग़ज़लों में बचपन की स्मृतियों से प्रकृति के साथ जीवंत रिश्ते को दर्शाने की क्षमता अनूठी है। ग़ज़लगो ने 'मैं अपने पुरखों के नाम पे पेड़ लगाता था' जैसे शेर से यह संकेत दिया है कि पर्यावरण-संरक्षण केवल एक सामाजिक ज़िम्मेदारी नहीं, बल्कि पीढ़ियों की धरोहर को सहेजने का तरीक़ा भी है। बचपन की यह आत्मीयता 'गौरेया दालान में मेरे अंडे दे जाती / उन अंडों को बिल्ली से हर समय बचाता था' जैसे मार्मिक शेर में और भी प्रगाढ़ हो जाती है। यह जुड़ाव व्यक्तिगत होने के साथ-साथ सामूहिक चेतना को जागृत करने वाला है, जो यह स्मरण कराता है कि प्रकृति और मनुष्य के बीच का यह रिश्ता संतुलन बनाए रखने का आधार है।

ग़ज़लों में मनुष्य की ओर से हो रहे पर्यावरणीय क्षरण को जिस व्यथा के साथ व्यक्त किया गया है, वह अत्यधिक प्रभावशाली है। 'कि जिन पेड़ों की छाँवों के तले बचपन गुज़ारा था / उन्हें कटते हुए, गिरते हुए देखा नहीं जाता' जैसा शेर पेड़ों की कटाई से उपजी पीड़ा का चित्रण करता है और उनकी छाँव से जुड़ी स्मृतियों के तंतुओं को भी उजागर करता है। ग़ज़लगो ने पर्यावरणीय विनाश की इस त्रासदी को मानवीय भावनाओं और मूल्यों के ह्रास के रूप में भी प्रस्तुत किया है। 'हरे पेड़ों का कटना जुर्म है, पाबंदियाँ भी हैं / मगर शासन करे वह जुर्म तो माना नहीं जाता' यह शेर प्रशासन और समाज की सामूहिक उदासीनता पर तीखा कटाक्ष है, जो पाठक को आत्मनिरीक्षण के लिए प्रेरित करता है।

विकास के नाम पर प्रकृति का विनाश ग़ज़लगो के लिए एक ऐसा विषय बनकर उभरता है, जहाँ उनका व्यंग्य और आक्रोश गहनता प्राप्त करता है। 'ऐसी चली विकास की आँधी न पूछिए / दिल थाम के बैठा हूँ तबाही न पूछिए' जैसा शेर उस अंधाधुंध विकास को सवालों के घेरे में लाता है, जिसने प्राकृतिक संतुलन को पूरी तरह से तहस-नहस कर दिया है। ग़ज़लगो का यह व्यंग्य उस समाज की मानसिकता को व्यक्त करता है, जो विकास की दौड़ में प्रकृति को त्यागने पर आमादा है। 'शासन का कोई डर नहीं सब बेलगाम हैं / कैसे जला रहे हैं पराली न

पूछिए' जैसे शेर न केवल प्रशासनिक विफलता पर प्रहार करते हैं, बल्कि मनुष्य की नैतिकता और विवेक पर भी सवाल उठाते हैं।

नदियों की दुर्दशा पर केंद्रित ग़ज़ल में ग़ज़लगो ने मानवीकरण से उनकी पीड़ा को व्यक्त किया है। 'ढो रही सारे शहर की गंदगी मैं / जी रही अभिशाप में ऐसी नदी मैं' यह शेर नदियों की त्रासदी को इतनी गहराई से सामने लाता है कि पाठक का हृदय आंदोलित हो उठता है। ग़ज़लगो ने नदियों को केवल जलस्रोत के रूप में नहीं देखा, उन्हें जीवन और संस्कृति का संवाहक भी माना है। 'मैं नदी हूँ, जानती भी हूँ हक़ीक़त / पर विवश हूँ झेलने को त्रासदी मैं' यह शेर नदियों के साथ हो रहे अन्याय और उनके प्रति मानवता की उपेक्षा को मर्मस्पर्शी ढंग से प्रकट करता है।

ग़ज़लगो ने पर्यावरणीय संतुलन और उसके महत्व को एक नैतिक ज़िम्मेदारी के रूप में प्रस्तुत किया है। 'गर सलामत नहीं है ये पर्यावरण / कौन ज़िंदा बचेगा यहाँ एक क्षण' यह शेर प्रकृति के साथ सह-अस्तित्व की अनिवार्यता का आह्वान है। ग़ज़लगो ने अपने शेरों से यह स्पष्ट किया है कि यदि वायुमंडल, जल और भूमि प्रदूषित हो जाता है, तो मानव जीवन का अस्तित्व असंभव है। 'जब हवा शुद्ध हो और जल स्वच्छ हो / तब समझना है अनुकूल वातावरण' यह शेर आदर्श पर्यावरण की ओर संकेत करता है, जो शारीरिक स्वास्थ्य के साथ मानसिक और सामाजिक स्वास्थ्य के लिए भी आवश्यक है।

इन ग़ज़लों का सबसे बड़ा गुण यह है कि वे पाठक को पर्यावरणीय मुद्दों के प्रति केवल संवेदनशील नहीं बनातीं, बल्कि उनमें गहराई से व्याप्त मर्म का अनुभव कराती हैं। ग़ज़लगो ने अपने शिल्प और भाषा में प्रवाह बनाए रखते हुए इन ग़ज़लों को अत्यधिक प्रभावशाली बनाया है। हर शेर में पर्यावरणीय क्षरण की तस्वीर है और एक ऐसा संदेश भी छिपा है, जो जीवन और प्रकृति के सहजीवन को बनाए रखने की आवश्यकता पर बल देता है। ये ग़ज़लें साहित्य के दायरे से बाहर जाकर एक सामाजिक और सांस्कृतिक दस्तावेज़ बनती हैं, जो हमारे समय की सबसे बड़ी चुनौती—पर्यावरणीय संकट—का समाधान खोजने की प्रेरणा देती हैं।

डॉ. डी एम मिश्र का एक अन्य शेर 'फूल तोड़े गए, टहनियाँ चुप रहीं / पेड़ काटा गया, बस इसी बात पर' भी बहुत मशहूर हुआ है। यह पर्यावरणीय विनाश और संवेदनहीनता को प्रतीकात्मक रूप में व्यक्त करता है। 'फूल तोड़े गए' से जीवन के कोमल पक्ष और 'टहनियाँ चुप रहीं' से पर्यावरण के मौन संघर्ष को

दर्शाया गया है। 'पेड़ काटा गया' में पेड़ के नष्ट होने से जीवन और संतुलन के नुक़सान को रेखांकित किया गया है। ग़ज़लगो अत्यंत साधारण शब्दों में गहरी अर्थवत्ता से पर्यावरण संकट को व्यक्त करने में सफल हुआ है, जो पाठक को गहरे उतरकर सोचने पर मजबूर करता है।

***

इसी तरह, कुछ और भी शायरों के पर्यावरणीय शेर भी काफ़ी मशहूर हुए हैं, हालाँकि पर्यावरण पर पूरी ग़ज़ल तो नहीं मिलतीं पर इन अशआर की मक़बूलियत और दिलकशी भी देखने लायक़ है जो हमारे दिलो-दिमाग़ पर गहरा असर छोडती है।

राहत इंदौरी का यह शेर क़ाबिले-ग़ौर है :

मैंने अपनी ख़ुश्क आँखों से लहू छलका दिया
इक समुंदर कह रहा था मुझ को पानी चाहिए

इस शेर में ग़ज़लगो ने मानवीय पीड़ा और प्रकृति के आपसी जुड़ाव का मार्मिक चित्रण किया है। 'ख़ुश्क आँखों' से 'लहू छलकाने' का बिंब दर्द और त्याग की चरम सीमा को व्यक्त करता है। वहीं 'समुंदर का पानी माँगना' प्रकृति की अपरिहार्यता और उसकी आवश्यकता का प्रतीक है। यह शेर पर्यावरण की उस गहरी पीड़ा को व्यक्त करता है जो मनुष्य की उदासीनता से उपजी है।

वहीं बशीर बद्र कहते हैं :

अगर फ़ुर्सत मिले पानी की तहरीरों को पढ़ लेना
हर इक दरिया हज़ारों साल का अफ़्साना लिखता है

यह शेर हमें प्रकृति की स्मृतियों और उसकी दीर्घकालीन गाथाओं को समझने का आह्वान करता है। 'पानी की तहरीरें' उस अनुभव की बात करती हैं जो समय के साथ गहराई में छिपा है। 'दरिया का अफ़्साना' पृथ्वी के इतिहास और उसकी अनकही कहानियों का प्रतीक है। यह शेर पर्यावरण के साथ संवाद करने और उसे समझने की आवश्यकता पर बल देता है।

कवि जमुना प्रसाद राही भी कहते हैं :

गाँव से गुज़रेगा और मिट्टी के घर ले जाएगा

एक दिन दरिया सभी दीवार-ओ-दर ले जाएगा

यह शेर जलवायु परिवर्तन और उसके परिणामस्वरूप होने वाले विनाश की भविष्यवाणी करता है। 'दरिया का गाँव से गुज़रना' जल-प्रलय का संकेत है, जो मिट्टी के घरों और उनके अस्तित्व को समाप्त कर देता है। शेर में एक प्रकार की चेतावनी छुपी है कि यदि प्राकृतिक असंतुलन जारी रहा, तो इसका प्रभाव विनाशकारी होगा।

मशहूर शायर कैफ़ भोपाली का यह शेर भी मौज़ूँ है :

गुल से लिपटी हुई तितली को गिराकर देखो
आँधियों तुमने दरख़्तों को गिराया होगा

इस शेर में शायर ने पर्यावरणीय विनाश का एक अत्यंत करुण और मार्मिक चित्र खींचा है। 'गुल और तितली' प्रकृति की सुंदरता और संतुलन का प्रतीक हैं, जिसे मनुष्य की क्रूरता (आँधियों) ने नष्ट कर दिया। 'दरख़्तों को गिराना' प्रकृति के विनाश की उन कोशिशों को उजागर करता है जो मनुष्य की लापरवाही से प्रेरित हैं।

पेड़ के काटने वालों को ये मालूम तो था
जिस्म जल जाएँगे जब सर पे न साया होगा
-कैफ़ी आज़मी

कैफ़ी आज़मी का यह शेर वृक्षों की अंधाधुंध कटाई के दुष्परिणाम को इंगित करता है। वे व्यक्त करते हैं कि वृक्षों के बिना छाया संभव नहीं और जब पेड़ समाप्त हो जाएँगे, तब मनुष्य स्वयं जलते सूर्य के प्रकोप का शिकार होगा। यह शेर प्रकृति के प्रति हमारी संवेदनहीनता को चित्रित करता है और चेतावनी देता है कि यदि मनुष्य अपने स्वार्थ में वृक्षों का दोहन करता रहेगा तो अंततः इसका दंड भी उसे ही भोगना पड़ेगा।

यह शेर भी ध्यान खींचने वाला है :

साहिल पे लोग यूँ ही खड़े देखते रहे
दरिया में हम जो उतरे तो दरिया उतर गया
-अब्दुल्लाह जावेद

यह शेर साहस और संघर्ष की अद्भुत अभिव्यक्ति है। 'दरिया में उतरना' कठिन परिस्थितियों का सामना करने का प्रतीक है। जब लोग केवल देखने तक

सीमित रहे, तब कवि ने स्वयं प्रयास किया और कठिनाइयों को परास्त किया। यह शेर मानवीय संकल्प और साहस का सुंदर चित्रण है, जो दूसरों के लिए प्रेरणा का कार्य करता है।

हिंदी के सुप्रसिद्ध गीतकार नीरज कहते हैं :

किसी शजर के सगे नहीं हैं ये चहचहाते हुए परिंदे
तभी तलक ये करें बसेरा दरख़्त जब तक हरा भरा है

इस शेर में कवि ने स्वार्थ और उपयोगिता के संबंधों को प्रकृति के माध्यम से व्यक्त किया है। 'परिंदे' अवसरवादी प्रवृत्तियों का प्रतीक हैं, जो 'दरख़्त के हरा-भरा रहने' तक उससे जुड़े रहते हैं। यह शेर मानवीय स्वभाव को उजागर करते हुए हमें प्रकृति और अन्य प्राणियों के साथ सच्चे और स्थाई संबंध बनाने की प्रेरणा देता है।

शायर परवीन कुमार 'अश्क़' के इस शेर पर भी ग़ौर फ़रमाएँ :

फलदार था तो गाँव उसे पूजता रहा
सूखा तो क़त्ल हो गया वो बे-ज़बाँ दरख़्त

यह शेर प्रकृति और मनुष्य के बीच के स्वार्थपूर्ण संबंध की ओर इशारा करता है। 'फलदार दरख़्त' उपयोगिता का प्रतीक है, जिसे समाज पूजता है। लेकिन जब वह सूख जाता है तो उसे नष्ट कर दिया जाता है। यह शेर पर्यावरण के प्रति हमारी उपेक्षा और स्वार्थ की आलोचना है, जिसमें संवेदनशीलता का गहरा भाव है।

किसी दरख़्त से सीखो सलीक़ा जीने का
जो धूप छाँव से रिश्ता बनाए रहता है
-अतुल अजनबी

यह शेर प्रकृति से सीखने की प्रेरणा देता है। 'दरख़्त' यहाँ सहनशीलता और संतुलन का प्रतीक है जो जीवन के हर उतार-चढ़ाव में स्थिर रहता है। 'धूप और छाँव' संघर्ष और सुख-दुख के प्रतीक हैं। यह शेर जीवन जीने की कला का संदेश देता है, जिसे कवि ने सरल और प्रभावी ढंग से व्यक्त किया है।

इस रास्ते में जब कोई साया न पाएगा
ये आख़िरी दरख़्त बहुत याद आएगा
-अज़हर इनायती

इस शेर में कवि ने प्रकृति के विलुप्त होने और उसके परिणामस्वरूप उत्पन्न

अकेलेपन का मार्मिक चित्रण किया है। 'आख़िरी दरख़्त' पर्यावरणीय संकट का प्रतीक है, जिसे मानव जाति की उपेक्षा ने लगभग समाप्त कर दिया है। यह शेर चेतावनी के रूप में उभरता है कि यदि समय रहते हम सचेत न हुए, तो हमारी स्मृतियों में केवल पछतावा ही शेष रहेगा।

ये सुब्ह की सफ़ेदियाँ ये दोपहर की ज़र्दियाँ
अब आईने में देखता हूँ मैं कहाँ चला गया
-नासिर काज़मी

यह शेर समय और जीवन के बदलाव का गहन चित्रण करता है। सुब्ह की सफ़ेदियाँ' और 'दोपहर की ज़र्दियाँ' जीवन के अलग-अलग पड़ावों के प्रतीक हैं। ग़ज़लगो आईने में स्वयं को तलाशते हुए यह दर्शाता है कि समय के साथ उसकी पहचान कैसे धुँधली हो गई है। यह शेर आत्ममंथन और क्षणभंगुरता का सूक्ष्म और प्रभावशाली बिंब है।

शहर क्या देखें कि हर मंज़र में जाले पड़ गए
ऐसी गर्मी है कि पीले फूल काले पड़ गए
-राहत इंदौरी

इस शेर में कवि ने शहरीकरण और पर्यावरणीय क्षरण की समस्या को व्यंजना में व्यक्त किया है। 'हर मंज़र में जाले पड़ना' शहर की उजाड़ स्थिति और 'पीले फूलों का काला पड़ना' प्रकृति के नष्ट होने का संकेत है। यह शेर हमें पर्यावरण के प्रति संवेदनशीलता और जागरूकता की प्रेरणा देता है।

हवा के दोश पे उड़ती हुई ख़बर तो सुनो
हवा की बात बहुत दूर जाने वाली है
-हसन अख़्तर

यह शेर 'हवा' के प्रतीक से बदलाव और संदेश की शक्ति को व्यक्त करता है। 'हवा की बात दूर जाने वाली है' भविष्य में होने वाले परिवर्तनों और उनके प्रभावों का संकेत देती है। शेर में चेतावनी और अपेक्षा का भाव गहराई से समाहित है।

हवा दरख़्तों से कहती है दुख के लहजे में
अभी मुझे कई सहराओं से गुज़रना है
-असद बदायुनी

यह शेर प्रकृति के संघर्ष और उसकी चुनौतियों को रूपायित करता है। 'हवा का दरख़्तों से दुख भरी बातें करना' मानवीय हस्तक्षेप और पर्यावरणीय संकट की ओर संकेत है। 'सहराओं से गुज़रना' पृथ्वी की बदलती परिस्थितियों और उसके दुष्परिणामों का प्रतीक है।

नदी थी कश्तियाँ थीं चाँदनी थी झरना था
गुज़र गया जो ज़माना कहाँ गुज़रना था
-शहराम सर्मदी

यह शेर बीते समय की स्मृतियों और उनके खो जाने की पीड़ा को व्यक्त करता है। 'नदी, कश्तियाँ, चाँदनी और झरना' सौंदर्य, शांति और आनंद के प्रतीक हैं, जो अब अतीत बन चुके हैं। यह शेर समय की निरंतरता और खोए हुए स्वर्णिम युग की गहरी याद दिलाता है।

है दरख़्तों की शायरी जंगल
धूप-छाया की डायरी जंगल
-वर्षा सिंह

इस शेर में शायरा ने जंगल को एक जीवंत पुस्तक के रूप में देखा है। 'दरख़्तों की शायरी' और 'धूप-छाया की डायरी' से शायरा ने प्रकृति की सौंदर्यात्मकता और उसकी कहानी को अद्वितीय रूप से व्यक्त किया है। यह शेर हमें प्रकृति के प्रति काव्यात्मक दृष्टिकोण से सोचने की प्रेरणा देता है।

दूर तक छाए थे बादल और कहीं साया न था
इस तरह बरसात का मौसम कभी आया न था
-क़तील शिफ़ाई

यह शेर प्रकृति और भावनाओं के विचित्र विरोधाभास को व्यक्त करता है। 'बादलों का छाना' आशा का प्रतीक है, लेकिन 'साया न होना' निराशा का संकेत है। शेर में कवि ने अनदेखी परिस्थितियों और अप्रत्याशित परिणामों का मार्मिक चित्रण किया है।

फ़रमान से पेड़ पे कभी फल नहीं लगते
तलवार से मौसम कोई बदला नहीं जाता
-मुज़फ़्फ़र वारसी

यह शेर सत्ता और शक्ति के दुरुपयोग की आलोचना है। 'फ़रमान और

तलवार' से प्रकृति के स्वाभाविक चक्र को नहीं बदला जा सकता। यह शेर मानव के अहंकार पर कटाक्ष करता है और हमें प्रकृति के साथ सामंजस्य बनाकर चलने की प्रेरणा देता है।

शजर से गिर रहे पत्ते अचानक
हवाएँ कर रहीं साज़िश भला क्या
-अनिरुद्ध सिन्हा

यह शेर प्रकृति के असंतुलन और पर्यावरणीय परिवर्तनों की ओर संकेत करता है। पेड़ों से पत्तों का अचानक गिरना मात्र ऋतु-परिवर्तन नहीं, बल्कि किसी अप्राकृतिक हस्तक्षेप का परिणाम प्रतीत होता है। हवाओं की 'साज़िश' एक रूपक है, जो प्रकृति के प्रति मानवीय अत्याचारों को इंगित करता है। यह शेर प्रभावशाली तरीक़े से पर्यावरणीय संकट की ओर ध्यान आकर्षित करता है।

गलियों में नीम, पीपल की छाँव ढूँढ़ता है
नादान, शहर आकर क्यों गाँव ढूँढ़ता है
-कृष्ण कुमार प्रजापति

यह शेर आधुनिक समाज में प्रकृति से बढ़ती दूरी और मानवीय जीवन में उसकी आवश्यकता पर बल देता है। शहरीकरण की अंधी दौड़ में गाँवों की हरियाली और शीतल छाँव लुप्त होती जा रही है। मनुष्य शहर में सुविधाओं की खोज में आता है, किंतु अंततः उसे गाँव की प्राकृतिक छाँव की कमी खलने लगती है। यह शेर पर्यावरणीय विनाश के सामाजिक प्रभावों को व्यक्त करता है।

नदियाँ, झीलें, बावड़ी, पोखर सूखे कूप
बंजर धरती सह रही लू और तीखी धूप
-सीमा विजयवर्गीय

शेर जल-संकट और जलवायु परिवर्तन की भयावहता को व्यक्त करता है। प्राचीन जल-स्रोत सूख रहे हैं, जिससे भूमि बंजर हो रही है। तीखी धूप और लू का उल्लेख जलवायु परिवर्तन के कठोर प्रभावों का प्रतीक है। ये पर्यावरणीय असंतुलन और मनुष्य द्वारा प्रकृति के अंधाधुंध दोहन के दुष्परिणामों की अभिव्यक्ति है।

अब परिंदों को नहीं मिलता ठिकाना कोई
आशियाँ वाले शजर को ही गिरा देते हैं
-पंकज कर्ण

इस शेर में वृक्षों की कटाई से पक्षियों के आश्रय छिनने की पीड़ा अभिव्यक्त होती है। विकास और शहरीकरण के नाम पर हरे-भरे वृक्ष काटे जा रहे हैं, जिससे पक्षियों का प्राकृतिक वास नष्ट हो रहा है। यह केवल पक्षियों की नहीं, बल्कि संपूर्ण पर्यावरणीय संतुलन की समस्या है। शेर सहज, किंतु गंभीर प्रभाव छोड़ने वाला है।

अगर हों बंद कमरे तो मेरा दम घुटने लगता है
अगर मैं खोल दूँ खिड़की हवा ज़हरीली आती है
-ज़ियाउररहमान जाफ़री

यह शेर समकालीन पर्यावरणीय संकट को प्रभावशाली ढंग से प्रस्तुत करता है। कवि शहरी जीवन की उस भयावह स्थिति का वर्णन करता है, जहाँ बंद कमरों में घुटन होती है, परंतु खिड़कियाँ खोलने पर भी राहत नहीं मिलती, क्योंकि बाहर की हवा प्रदूषित हो चुकी है। यह शेर वायु प्रदूषण की भयावहता को रेखांकित करता है और बताता है कि अब स्वच्छ हवा भी एक दुर्लभ वस्तु बन गई है। इस प्रकार, यह शेर आधुनिक सभ्यता की पर्यावरणीय विडंबना को तीव्र व्यंग्यात्मक रूप में व्यक्त करता है।

इन सभी शेरों में जीवन, प्रकृति, समय और मानवीय अनुभवों का गहन और मार्मिक चित्रण किया गया है। हर शेर में कवियों ने प्रतीकों और बिंबों के माध्यम से गहरे अर्थ संप्रेषित किए हैं, जो पाठकों को आत्ममंथन और चिंतन की ओर प्रेरित करते हैं।

वैसे तो और भी बहुत-से कवि और शायर हैं जो अच्छी पर्यावरणीय कविताएँ और ग़ज़लें लिख रहे हैं, लेकिन सब पर यहाँ बात करना संभव नहीं है। यहाँ केवल कुछ प्रतिनिधि रचनाकारों की रचनाओं का चयन किया गया है जो मात्र संकेतात्मक है ताकि सुधी पाठकों को पर्यावरण के विषयगत समकालीन कविताओं के रूप और वस्तु-पक्ष का पता चल सके।

***

उत्तर खंड : पर्यावरणीय कविता

प्रथम सर्ग : पहाड़ में सुरंग (14 कविताएँ)

दूर एक लालटेन जलती है पहाड़ पर
एक तेज़ आँख की तरह
टिमटिमाती धीरे-धीरे आग बनती हुई
-मंगलेश डबराल

1. पहाड़िया

(साहेबगंज-पाकुड़ की पहाड़ी ज़िंदगी से रु-ब-रु होकर)

(1)

दिन समेटकर उतरता है थका-माँदा बूढ़ा सूरज
पहाड़ के पीछे
अपने साथ वन-प्रांतरों की निःशेष होती गाथाएँ लिए
तमतमाई उसकी आँखों की ललाई पसर आती है
जंगलों से गुम हो रही हरियाली तक
दम तोड़ रही नदियों में फैल रहे रेतीले दयार तक
विलुप्त हो रहे पंछियों के इक्के-दुक्के नीड़ों तक

उँची-नीची पगडंडियों पर कुलेलती
लौटती है घर पहाड़न
टोकनी भर महुआ
दिन की थकान
होठों पर वीरानियों से सनी कोई विदागीत लिए

ऊबड़-खाबड़ जंगल-झाड़ के रस्ते लौट आते हैं
बैल-बकरी, सुअर, कुत्ते, गाएँ भी दालान में
साँझ की उबासी लिए

साथ लौटता है पहाड़िया बगाल
निठल्ला, अपने सिर पर ढेर-सा आसमान
और झोलीभर सपने लिए

(2)
घिर जाती है साँझ और गहरी
अँधेरे की दस्तक के साथ ही
घर-ओसारे में उतर आते हैं महाजन
खटिया पर बैठ देर तक
गोल-गोल बतियाते हैं पहाड़िया से
हँसी-ठिठोली करते घूरते हैं पहाड़न को
फिर खोलते हैं भूतैल खाते-बहियाँ अपनी
और भुखमरी भरे जेठ में लिए गए उधार पर
बेतहाशा बढ़ रहे सूद का हिसाब पढ़ते हैं

दूध, महुआ, धान, बरबट्टी और बूटियों के दाम से
लेकर पिछली जंगल-कटनी तक की मजूरी घटाकर भी
कई माल-मवेशी बेच-बिकनकर भी
जब उरिन नहीं हो पाता पहाड़िया तो
गिरवी रख लेते हैं महाजन
पहाड़न के चाँदी के ज़ेवर, हँसुली, कर्णफूल, बाले वग़ैरा...

तेज़ उसाँसें भरता अपने कलेजे में पहाड़िया
टिका देता है अपना माथा महाजन के पैर पर
तब महाजन देते हैं भरोसा
कोसते हैं निर्मोही समय को
वनदेवता से करते हैं कोप बरजने की दिखावटी प्रार्थनाएँ
अपनेपन का कराते हैं बोध पहाड़िया को
गलबहियाँ डाल महाजन साथ मिलकर दुःख बाँटने का
और संग-संग पीते हैं 'हड़िया-दारू' भी
भात के हंडियों में सीझने तक

फिर देते हैं एक ज़रूरी सुझाव जल्दी उरिन होने का
जंगल कटाई का—
फफक-फफककर असहमति में सिर हिलाता रो पड़ता है पहाड़िया
पहाड़न ग़ुस्से से लाल हो बिफरती है
गरियाती है निगोड़े महाजन को
करमजले अपने मरद को भी
पर बेबस पहाड़िया
निकल पड़ता है माँझी-थान में खाई क़समें तोड़
हाथ में टाँगी, आरा लिए निविड़ रात्रि में
भोजन-भात कर, गिदरा-गिदरी को सोता छोड़
पहाड़न से झगड़
महाजन के साथ बीहड़ जंगल

(3)
रातभर दुःख में कसमसाती
अपने भीतर सपने टूटते देखती है पहाड़न
रात गिनती
मन की परत-परत गाँठें खोल पढ़ती है पहाड़न
नशे में धुत्त पहाड़िया रातभर
पेड़ों के सीने पर चलाता है आरा, टाँगी
और काटता रहता है अपने दुःखों के जंगल

बनमुर्ग़े की कुट्टियाँ नोंचते
रह-रहकर दारू-बीड़ी पीते
जगे रहते हैं संग-संग धींगड़े महाजन भी रातभर

(4)
शीशम, सागवान, साल की सिल्लियाँ लादे
जंगल से तराई की ओर बैलगाड़ियाँ पार कराते महाजन

बिन दातुन-पानी किए, बासी भात और अपनी गिदरे
पीठ पर गठियाए महुआ बीनने पहाड़न
मवेशियों को हाँक लगाता बगाल पहाड़िया
कब के उतर चुके होते हैं पहाड़ी ढलान
बहुत सुबह, सूरज उठान के काफ़ी पेशतर ही

ख़ाली रहती है बहुधा पहाड़ी बस्तियाँ दिनभर
बचे रहते हैं पहाड़ पर सिर्फ़
सुनसान माँझीथान[1] में पहाड़ अगोरते वनदेवता
उधर पूरब में जलता-भुनता सूरज
और गेहों में लाचार कई वृद्ध-वृद्धाएँ

1. संथालों का पूजा-स्थल

2. पहाड़न

ढलती साँझ!

लाल सूरज को जैसे
अपनी टोकरी में भर
दाएँ हाथ से अपने सिर पर टिकाए
जंगल से गाँव की ओर
इस तरह चली पहाड़न
कि दाँतों की उसकी दुधिया हँसी
उसके चेहरे की झिलमिल में
निस्सीम फैल गई अकास तक
और जंगल की थकान सब
मिट गई!

बाएँ हाथ से
अपने बच्चे की उँगलियाँ थामे
संग चल रही हवाओं को
झूमते पेड़ों को
न्योता देती
प्रकृति की नीरवता का
आलिंगन करती हुई

3. ठूँठ होते पहाड़

जनतंत्र नहीं... भीड़तंत्र की
सुबह की काली किरणें
समाज की मुख्य धारा से विच्छिन्न
अंतिम आदमी को
जोड़ने के बहाने अब
पहाड़ की आदमज़ाद बस्तियों में उतरती हैं
जहाँ पवित्र आत्माओं की खाल
अपने चेहरे ढँके
अपने सड़े कंधों पर गरजमंद
स्वयंसेवी संगठनों को ढोते हुए
विकास के गाँधीवादी संस्करणों में
अपने को बदलने का नाटक करते
पहाड़ की भाषा में बोलते
पहाड़ियों के ढंग को ढोंग-से सहते हुए
भेड़िए—
अपने नुकीले पंजों से
पहाड़ की देह नोंचते हैं
और जंगल के हरे सैलाब
पंजीकृत मुहरों के तले
उन दहानों तक ठेलते हैं
जिसे लपकने वहाँ
विकासदूतों की लंबी क़तार
खड़ी रहती है इंतज़ार में

पहाड़ की छाती पर
दर्जनों योजनाओं की कीलें ठोकते
बजट और फ़ाइलों के काले अक्षरों में
विकास का परचम लहराते
मुखौटे को भी
सुनसान माँझीथान में पहाड़ अगोरते
वनदेवता चुपचाप सहते रहते हैं

ठूँठ होते पहाड़ की
विरासत में अब बचा ही क्या है!
थिगड़ों में लिपटे
जंगल में मौत के 'आईस-पाईस' का
खेल खेलते
पहाड़ियों का ठिगना जीवन
सूदखोर महाजनों के बिस्तरों पर
सपनों के पत्थर तोड़ती
उनसे अपने पेट साजती
पहाड़नों की करूण गाथाएँ
अँधेरे गेहों में
बीमार, लाचार वृद्धाओं की दंतकथाओं में
सपने बुनते नंगे पहाड़ी बच्चे
उबासी में रँभाते माल-मवेशियों के अस्थि-पंजर
और पहाड़ की पतझड़-सी काया पर
घूमते रेतीले बवंडरों की घिरनी
(इसके अलावे यहाँ बचा ही क्या है अब!)

मैं ठिठकता हूँ
पहाड़ के पक्ष में बने

क़ानून की धाराओं से
और पूछता हूँ स्वयं से—
कि वन संरक्षण अधिनियमों के
दलदल में हाँफते पहाड़ का
सुख, स्वप्न और भविष्य क्या है ?

दिन-दिन लुप्तप्राय हो रही इन
जनजातियों के सच में
कोयला होते आँकड़ों का अभिप्राय क्या है ?
या समय की मुर्दागाड़ी में
लदकर संग्रहालयों में
सज जाने का कोई
चिर-प्रतीक्षित सपना है

अथवा दुःखों के अंतहीन जंगल हैं
पहाडियों की आँखों में ?
क्या हैं ठूँठ होते पहाड़
के वंश-बीज में ?

4. पहाड़ी लड़कियाँ

पहाड़ की मिट्टी से बनी
सुरमई-कत्थई
पहाड़ी यौवना के माथ से
ढुलकती हैं
टप-टप पसीने की बूँदें
होंठ से उसकी देह तक
जब पत्थर तोड़ती अपने दुख के
गुनगुना रही होती है
पहाड़ पर वह कोई पहाड़ी गीत

छोटानागपुर के नंगे पठार से
राजमहल की ठूँठ पहाड़ियों तक
कारुडीह के झाड़-झाँखड़ से
सारंडा के उजड़ते जंगलों तक
दिख ही जाती है कहीं भी
सखियों-संग विहँसती
खिली हुई जंगली फूलों-सी
पहाड़ की वह चपला प्रकृति-नारी!

अपनी उपस्थिति-गंध से
आसपास की हवा महमहाती
मन का बासीपन हरती
हरित वर्ण परिधान में

कभी पगडंडियों पर कुलेलती तो
कभी काम करती और गाती
गाती और काम करती

काई खाए चट्टानों के बीच फूटती
कल-कल झरना-सी
समवेत स्वर-लहरियाँ उसकी
सुनी जा सकती हैं
पूरे झारखंड में बँधना-माघे परब में
बाँसुरी की लय पर
माँदल की थाप पर

लड़कों के दल को अर्धचंद्राकार घेरे
आपस में बाँहों में बाँहे डाले
पंक्तियों में थिरकतीं
कहीं भी, कभी भी
पहाड़ पर पठार पर घाटियों में
धनकटनी से लेकर
महुआ फूलने के मौसम तक

जब समूचा जंगल पत्रविहीन हो जाता है
और तवने लगती है पहाड़ की कृशकाया
जेठ की चिलकाती धूप में
केंदु-पत्ते-महुआ-बरबट्टी-धान सब
ओराने लगते हैं पहाड़ से जब
पहाड़ पर भूख का ज़लज़ला आ जाता है और
पहाड़ के लोग मरने लगते हैं
भूख से, बीमारी से

भर-भर गाड़ी पहाड़ी कन्याएँ तब
कूच करने लगती हैं तराई से शहर की ओर
काम की खोज़ में

उसके गीत पहाड़ के दुःख
से भीगने लगते हैं
उसके सपने
पेट की आग से जलने लगते हैं

गहरी अँधेरी ख़दानों में खनिकों संग
तो कभी ईंट-भट्ठों पर ईंट पाथती
बन रही पक्की सड़कों पर
टायर की चप्पलें पहने
पिघलते डामर की आँच में तपती
बेलदारिन का काम करती
कभी अजय-बाँसलोई-स्वणरिखा-मयूराक्षी[1]
के निर्जल मरु में
सिर पर उमस में
भर-भर कठौतियाँ रेत ढ़ोती

कभी बंगाल के खेतों में दौनी-निकौनी
बुवाई-कटाई करती हुई
अपने श्रम-गीतों से बियावानों को जगाती
अपनी छोटी-सी दुनिया में
फिर भी मगन रहती हैं—पहाड़ी बालाएँ

मैं पूछता हूँ स्वयं से
पहाड़ पर जीवन बचे हैं जहाँ

1. झारखंड की नदियों के नाम

थोड़े-बहुत जिन
पहाड़ी स्त्रियों की मेहनत-मजूरी से
उनकी पठार-सी काया को भी
कुचल रहे हैं जब-तब
बिचौलिए-महाजन-दिक्कु सब
वहाँ कब तक यूँ ही अलापती रहेंगी
भग्न होती ये हृदयकंठ-वीणाएँ?

फिर सोचकर यह व्यथित हो जाता हूँ—
पहाड़ का अवसान निकट है
पहाड़ दिन-दिन बिलाते जा रहे हैं जैसे
जंगल नित सिमटते जा रहे हैं
जैसे सूखती जा रही हैं पहाड़ी नदियाँ
कम पड़ती जा रही है लोगों को ज़मीन
बैल-बकड़ी, कुत्ते, सूअर, गायें
वैसे ही पहाड़ी लड़कियाँ भी
दिन-दिन कम होती जा रही हैं—
ग़ायब होती जा रही हैं पहाड़ से और
उनके गीतों के स्वर
मद्धिम पड़ते जा रहे हैं हर दिन
बुझते दीये की थरथराती लौ की तरह

5. मैं पहाड़ की बेटी

झरना...
ओ झर... ना!
कल-कल तेरे जल में
ख़ूब नहाऊँगी

नदी माँ...
रेत के घूँघट में
मुँह ढाँप तू मत रोना
तेरी बेटी हूँ
तू बह माँ!
तू बह ना...

जल से तेरे
आचमन करूँगी
लाल, पीले, बैगनी
अपने आँचल में फूल
खिला माँ!
खिला ना...

खोपा में खोसूँगी
करधनी बनाऊँगी
माँग सजाऊँगी

ओ पतझड़ की
निर्दय बयार... !
वन-उपवन के पत्ते
सब मत गिरा
हरित–लोहित वर्ण से
घर-ओसारे में
भित्ति-चित्र बनाऊँगी

ओ बसंत, लौट आ...
लौट आ ना... !
माँदल की थाप पर
पहाड़नों के दल बना
ख़ूब नाचूँगी, ठुमकूँगी
परब मनाऊँगी

वनवासी...
ओ वनवासी...
बेल, बूटे
शीशम महुआ
केंदू-पत्ते
बुरी नज़र से बचा...
वह अपनी थाती है !

हे पहाड़ जोगते वनदेवता !
बापू की तरह
बूढ़ा पहाड़
बहुत बीमार है
बड़े-बड़े घाव हैं
बड़े-बड़े खोह हैं

उसकी देह में
उसे ढाढ़स देना
मेघ देना, पानी देना
खेत में अन्न उगाना
जंगल बचाना

ओ वनदेवता
जंगल बचाना
दिक्कुओं के अत्याचार
मत सहना

हे वनदेवी
पुकार मेरी सुनना!
महाजन से मेरी
देह बचाना
नदी माँ की लाज बचाना!
पहाड़ की बेटी हूँ
मेरी आर्त-विनती
सुन माँ!
ओ... सुन ना...

6. गुम्मा पहाड़ पर बसंत

पूरी आत्मीयता से खड़े हैं
गुम्मा पहाड़

तराई में
कोस-भर फैली
जगह-जगह डबरे में
जल भरी बाँसलोई नदी
वक्र गड़ारी-सी
फागुन के लौट आने की इच्छा से भरी हुई
अपने भीतर तरुण भाव लिए
किसी उत्सव के आगमन की प्रतीक्षा में

बँसवाड़ी में
गुल्म-लताएँ-झाड़ियाँ हिलग रहे-हुलस रहे
पूरवैया के मादक झोंकों से

पलाश-पत्र सब झड़ गए
शिखाओं पर उनके लाल फूल दहक रहे
करंज-कचनार-शाल सब
दुधिया धवल पुष्प-गुच्छों से लद रहे
डहु, अमलतास और कुसुम के पीले फूल
तरी से शिखर तक पहाड़ पर
लाल-सफ़ेद खिले फूलों के बीच
पूरे अंचल में खिल रहे

पूरा पहाड़ जाग रहा धीरे-धीरे
नए रंग और उमंग में
फागुन की आहट सुन
बसंतोत्सव की तैयारी में

जंगल में पंछी गा रहे
ढेचुआ कर रहा ढेचुँ-चुँ, ढेचुँ-चुँ
फिकरो फिक-क फिक-क
पेडुकी करे घु-घु-चु, घु-घु-चु
तीतर सुना रहा खु-टी-च-र, खु-टी-च-र
कोयल कूक रही बेतरह
पियो बुला रहा पि-उ, पि-उ
हरिला फुनगी पर फल कुतर-कुतर खा रहा

बीते मौसम की दुस्सह यादें भूल
पहाड़ी बस्तियाँ
माँदल की थाप और नगाड़े की आवाज़ से
गूँज रहीं, लोग गा रहे, थिरक रहे
बाँसुरी बजा रहे
फसल-गीत गा रहे—ठुमक रहे
अपने पैरों में नेवर बाँध
महुआ-रस की ख़ुमारी में
खलिहान को भरा-पूरा देख
फूलों और फसलों का पर्व बाहा-टुसू मना रहे

वनदेवता पहाड़ी थानों में
फूल-पत्र और नैवेद्य स्वीकार रहे
जंगल-पहाड़ के दुःख-निस्तार के वास्ते

पर बसंत के प्रस्थान के बाद
जेठ आते-आते
वनदेवता मौन हो जाते हैं
पूजा-स्थलों पर आवाजाही न्यून हो जाती है
पहाड़ी नदी-नाले-झरने निर्जल हो जाते हैं
पहाड़ के अन्न ओरा जाते हैं
पहाड़ी बस्तियाँ ख़ाली हो जाती हैं
पहाड़ी युवक और यौवनाएँ
कूच कर जाते हैं पहाड़ से
शहर की ओर काम की तलाश में
अन्न और आजीविका की टोह में

देखता आया हूँ हर बार
गुम्मा के पहाड़ी इलाक़े में
सन्नाटा-सा पसरा होता है
ऋतु के बाक़ी दिन
नज़र आते हैं तब यहाँ
बचे हुए पहाड़ी बच्चे
और लाचार वृद्धाएँ सिर्फ़
अपनी पहाड़-सी ज़िंदगी ढोते हुए

7. पहाड़ पर भोर

सुबह घर से निकला तो
पगडंडियों के बाज़ू
पलाश के फूलों पर चटक देखी
चमकती ओस की मोतियों पर आब
लाल-गुच्छ पुष्प-दलों से लिपटी
बूँदों को टघरते
पहाड़ की देह पर
टप-टप गिरते-सूखते
सूरज की मद्धिम धूप में
सुबह को अलसाते
दिन को पहाड़ पर
धीरे-धीरे उठते और अनमने जंगल-झाड़ों को
झपकियाँ लगाते, अनमने हिलते-डुलते देखा

आदिवासी कलूटों की झोंपड़पट्टियों से
निकलते बच्चे अपना बस्ता बगोचे
पाँच मील पर स्कूल की पहली घंटी
पकड़ने साइकिल से भागते तो कोई
हाथ में पतली छोकनी लिए
गैया-बकरियाँ हँकाते

पहाड़ी छोरों के चेहरों पर
तंग होती मुस्कुराहटों के बीच

अधखिले बचपन के उड़ते रंग
उसकी मंद पड़ती चहक देखी

सड़क पर धूप में जलते
सुकोमल बदनों पर
समय की उघरती खरोंचें भी देखीं

फिर पहाड़ी यौवनाओं के सिर पर
दतुवन-घास का बोझा
हिलते उसके माथ
सुर्ख़ होंठों की कँपकपाहटें
खिलते यौवन में गुम होते वन-श्रृंगार के बीच
उनकी कातर आँखों की भाषा पढ़ी
तब अपनी आँखें भी
नम हो गईं

कोसों साइकिलों के आगे-पीछे
लौह-पत्थरों के मन-मन भारी बोझे बाँधे
हाँफते-धकेलते पैदल चल रहे पहाड़ियों के
फटे बिवाईयों के घाव
से बहता मवाद देखा तो
कलेजा मुँह को आ गया और फिर
गुस्सा भी कि...
पूरे पहाड़ को जब धीरे-धीरे बिला ही
जाना है तो पलाश की चटक
और महुआ की ख़ुमारी
का मतलब क्या है यहाँ? फिर भी...

चेहरों पर अनगिन झुर्रियों में

घर-संसार की फँसी चिंताएँ
खुली आँखों से पढ़ता रहा
और ऊब और तमक से
अपने हाथ मलता रहा

फिर... पहाड़ पर लड़ते साँड़ों को देख
आँखों में काँटे-सी चुभन होने लगी
किशोर चेहरों पर छाँह-सी काली चतें
और ख़ुश्क होंठों पर पड़ती पपड़ियों ने
जंगल के मेरे सँजोए सपनों के रंग सब
बदरंग कर दिए

आप मानें या न मानें
इतनी गरमी पड़ रही है
भोरउवा पहर में भी
मेरे अंदर
और इस पहाड़ पर भी
कि ओस ठहरती ही नहीं कहीं—
न फूल पर, न पत्थर पर, न जंगल में

हृदय में बजता है सिर्फ़
पहाड़ का बंजर सूनापन
जो टूटता है लौह-पत्थरों से भरी
मालगाड़ियों के घरघराहटों से

बाहर की उदासी मन को
चीरती हुई धँसी जाती है
भीतर के खोह में और
दु:ख का चौरस

पठार नज़र आता है
पूरा पहाड़
इस भोर में—

8. बंदगाँव की घाटियाँ

भरी दुपहरी है जेठ की, घाटी में
जन-जानवर दिख नहीं रहे कहीं
न पक्षियों की चहचहाहटें ही सुनता हूँ
झाड़-जंगल झुलस गए हैं
जंगल-जीव पानी बिन हाँफ रहे हैं
परिंदे दम मार रहे हैं
कुँआ, चहबच्चे, जोड़िया, तालाब सब सूख गए हैं
नदी-पनाले-डबरे रेत से पट गए हैं

सामने सड़क पर घाम से पिघले कोलतार पर
टायरों के निशान बनाती
उदास मौन को भेदती
बसें बीच-बीच में
हॉर्न बजाती
तेज़ गति से घाटियाँ पार कर रही हैं
या फिर नक्सलियों की शिनाख़्त पर जातीं
पुलिस की गाड़ियों की घरघराहटें
जब-तब घाटियों की नीरवता भंग कर रही हैं

जी हाँ, ये बंदगाँव की विकराल घाटियाँ हैं—
बीस कोस लंबा बीहड़
जलेबीनुमा जाल-सा
कभी जगंलों का सुरम्य प्रदेश रही
ये घाटियाँ सहमी-सहमी-सी

और उदास हैं
आए दिन के ख़ून-ख़राबे और वारदातों से

जब-तब रेत के चक्रवात
उठ रहे हैं यत्र-तत्र
डोगरों में टाड़ों पर
झरने का सोता भी सूख गया है
प्यास से कई मौतें हो चुकी हैं
इस इलाक़े में

जहाँ-तहाँ बसें रुकती हैं
पहाड़ी औरतें गिदरे को
अपनी पीठ से बाँधे सवार होती हैं
बसें खचाखच भरी होती हैं
जितनी बैठी होती हैं
उतनी ही खड़ी होती हैं
और हिचकोलें खाती हुई
घाटियों के टेढ़े-मेढ़े रास्ते
तय करती हैं

पहाड़ तो पहले ही बहुत दुःखी है
इसकी छाती में उत्पीड़न की न जाने
कितनी ही कथाएँ दफ़्न हैं!
पर यह गरमी तो घाटी में और ही
बर्बादी का सबब लेकर आई है!
जंगल तो पहले ही बिला गए
जड़ीबूटी, फलमूल, महुआ भी ओराने लगे हैं
भूख और बीमारी की काली छाया
मँडराती है तराईयों पर, बस्तियों में

न जंगल न धान न बरबट्टी न पानी
काम की खोज में घाटी से पहाड़ी मज़दूरन
शहर को कूच कर रही हैं

यह कैसा मंज़र है कि
शहर के बाबू और महाजन
सरकार और प्रतिपक्ष के लोग
दल-बल के साथ
घाटी में अपनी योजनाएँ लेकर
पहुँच रहे हैं, चिल्ला रहे हैं
नोट पर वोट का खेल खेल रहे हैं
जबकि गाँवों और टोलों के लोग
अपनी इज़्ज़त अपनी जान बचाकर
घाटियाँ छोड़ रहे हैं
दाना-पानी की तलाश में
कहीं और कूच कर रहे हैं!

9. पहाड़ का दुःख

पहाड़ की नग्न काया पर
पतझड़ का संगीत
बज रहा है
पहाड़ी लड़कियाँ
कोई विरह-गीत गुनगुना रही हैं
गीत में पहाड़ का दुःख
समा रहा है
लाज से सिकुड़ी नदी
सिसक रही है
पहाड़ी जंगल तोड़ रहे हैं
पहाड़ का मौन
अपने आर्त्तनाद से

पहाड़ियों की आँखें
और पसर गई हैं
मुँह और फट गए हैं
पीठ उनकी और
उकड़ूँ हो गई हैं
कंधे और झुक गए हैं

गाड़ी भर-भर पहाड़ी लड़कियाँ
परदेस जा रही हैं
पहाड़ी लड़के भी संग जा रहे हैं

उनके गीतों का कोरस
घाटियों में गूँज रहा है
कूच कर रही हैं रातभर
जंगलों से लदी गाड़ियाँ
पहाड़ से शहर की ओर

हाँफ रहे हैं दिनभर
खड्ढ-मड्ड पहाड़ी रस्ते
पत्थर और बालू ढोते
बड़े-बड़े डंपरों के पहियों तले

'क्रशर' मशीनों और मालवाहक यानों की
कर्कश घरघराहटों में
गीतों के स्वर टूटकर
बिखर रहे हैं पहाड़ पर
और जम रहे हैं धीरे-धीरे
धूल के नए, भूरे पहाड़
वीरान हो रहे पहाड़ पर

पहाड़ के हिस्से में इस तरह
नित आ रहे हैं नए
दुःख के पहाड़

10. बारिश में भीगता पहाड़

पहाड़ों को छूती है
पंचम रागिनी
—कोकिलों के सुर से
—मेघ के गर्जन से
—पागल बयार के झोंकों से
—बिजली की कौंध से
—पत्तों की सरसराहट से
बसंत की भरी संझा में
दुपहरी के उसनते जल को
उसकी तपती देह पर लहराती हुई

11. नेतरहाट

देख बटोही देख
ज़रा ग़ौर से देख—
कितना भरा-पूरा हूँ बसंत के पिछात में
पलाश, डहु और कुसुम से चहूँओर पुष्पित हूँ
महुआ की मादक गंध से पूरित हूँ
पक्षियों के कलरव से स्वरित हूँ

आओ हमारे अंचल में इस बार इस मौसम में
मेरी हरी-पियरी-लाल उपवन की अंगड़ाई में
घुमड़ते बादलों की छाया में
कभी टिप-टिप बरसते बूँद की सिहरन में
कभी चमकते धूप से जागते जंगल में

तुम्हारा भी मन-मयूर
प्रकृति की क्षण-क्षण बदलती
अद्‌भुत छटा को निहारता
इस चीड़-वन लिपटी पहाड़ की देह पर
नाचते-गाते पहाडिया संग
नाच उठेगा!
आओ इस बार बटोही घूमने
महुआडांड़ नेतरहाट के वन क्षेत्र में

12. बारिश, पहाड़ और भूख

रातभर बारिश हुई है पहाड़ पर
चीड़-साल नहा गया पोर-पोर नेतरहाट में
फुनगियों-पत्तों से टघर रहा पानी अनगिन धार बनकर
रिस रहा घोसलों में—झोपड़ों में
तराई में तटबंधों पर नालों में हलचल-सी मची है
उफन रही नदी भी बेतरह कछार पर

मौसम ज़रा थमा कि पंछी बार-बार पंख खोल रहे
देह से जलबूँद झाड़ रहे
कभी एकटक अपने चूज़ों को देख रहे
कभी दाने तलाशते धान के खेतों पर उड़ रहे
गाय बैल भैंस बकरियाँ दालानों में शोर कर रहे
आसपास कुत्ते रह-रहकर भौंक रहे

कहीं अन्न के दाने का दरस नहीं
कि फिर घटा ने घेर लिया पूरे पहाड़ को
दिन फिर स्याह हो गए
डाकबँगलों में टूरिस्ट बारिश का मज़ा ले रहे
'डिश' में मुर्ग़े का भुना गोश्त
ख़ानसामाँ सर्व कर रहे
शैलानियों के बीच कुछ परियाँ
नेतरहाट के जलजीवन को कैमरों में क़ैद कर रहीं
तभी फेंकी गई झूठन पर भूख से बिलबिलाते कुत्ते
इतने बेतरह टूट पड़े

जैसे अकाल मच गया हो नेतरहाट में
पंछियों का बेतरतीब झुंड भी झपट पड़ा!

13. घनी आबादी वाली बस्ती में

पहाड़ से उतरती आड़ी-तिरछी ये पगडंडियाँ
नदी तक आते-आते न जाने कहाँ बिला जाती हैं
बलुई नदी पार कर रहे
मवेशियों के खुरों की आवाज़
पहाड़ी बालाओं के गीतों के स्वर
गड़ेरियों की बाँसुरी की धुन
घाट पर धोबिनों के कपड़े फटीचने की आवाज़ें
चाक पर घूमती मिट्टी की चकरघिन्नी का सुर
घुमकुरिया में माँदर की थाप
महुवे और जंगली फूलों की गंध
पंछियों का शोर
जंगल की सरसराहट
—ऐसा कुछ भी नहीं जा पाता नदी के उस पार
—घनी आबादी वाले हिस्से में

सिर्फ़ जाते हैं वहाँ
कटे हुए जंगल, कटे हुए पहाड़
केंदू के पत्ते, महुवे के फूल
जड़ी-बूटी देसी धान की बोरियाँ
और अपने गाँव-घर से कटे
काम की खोज में
पेट की आग लिए
पहाड़ पर रहने वाले पहाड़ी लोग

14. जीवन यहाँ

ढलता है जीवन यहाँ इस तरह
जैसे पहाड़ की प्रतिच्छाया में डूबता है
एक भरा-पूरा दिन
जैसे कंक होता एक बूढ़ा वृक्ष
खड़ा रहता है
प्रकृति के दुर्द्धर्ष संघर्ष के बीच
मौन
जीर्ण होती काया में
समेटे
अपने संपूर्ण अस्तित्व का इतिहास

द्वितीय सर्ग : लौटूँ फिर हरियाली बन (12 कविताएँ)

मेरे घर के पास एक पेड़ खड़ा था
यह घर से पहले था, शहर से पहले
यह पक्षियों, हवा और मौन का मित्र था
-डब्ल्यू.एस. मर्विन (यू. एस.) की The Tree से

1. जंगल चुप है

चुप है जंगल
क्रशर मशीनों से कटते
पत्थरों के गर्म गर्दो-ग़ुबार को
अपने हरेपन पर
चादर की तरह लपेटे हुए

उसकी हरी आँखों में आग है
राख है, धुआँ है
और आँसू भी हैं

सखुआ कंक-से खड़े हैं जंगल में
पूरी आत्मीयता से
सारंडा[1] के दुःख को
अपने जड़- रंध्रों में समेटे हुए

यहाँ बजती थीं कभी
हवाओं की तेज़ सरसराहटें
शाख़ों से पत्तों तक
संग में मदहोश झूमते पेड़ों का संगीत
अब सुनता हूँ
क्रशर मशीनों की तेज़ कर्कश आवाज़ें
पहले सुबह का राग-सी थी असंख्य चिड़ियों की बोली

1. झारखंड का एक घना वन

वहाँ अब बेमौसम पतझड़ की
की बयार है

(2)
कटे दरख़्तों की जड़ें
गहरी धँसी हैं मिट्टी में
करमा और सरहुल के गीतों की तरह
जो जगाती थीं हर बसंत में मौसम को
अब झूलती हैं मिट्टी से उखड़कर हवा में
और सवाल करती हैं—
कहाँ गया हमारा वह हरा विस्तार?
क्या सिर्फ़ तुम्हारा था वह?
या माँझी थान में मौन खड़े
जंगल के देवी-देवताओं का
या पूरे जंगल प्रदेश का?

(3)
उड़ती थी मटमैली धूल कभी बसंत में
गाती थीं नदियाँ बारिश के गीत
गूँजते थे 'सोहराय' के गीत
रँग दिया था पलाश के फूलों ने
जिस धरती को सुर्ख़-रक्ताभ
उसकी लालिमा फीकी पड़ गई
बिला गए जंगल के लोकगीत भी
जंगल के साथ!

(4)
पहाड़ की तलहटी में
घने पेड़ों के प्राचीर में

बसे गाँव में
नई रौशनी अजनबी-सी लगती है अब!
सूख गए हैं गाँव के तालाब
ख़ाली कटोरों की तरह
बच्चों की किलकारियाँ भी
दब चुकी हैं क्रशरों की घनघनाहटों में

जंगल के हर वृक्ष, हर शाख पर
पंचम-सा लहराता
पंछियों का समवेत कलरव
जाने कहाँ ग़ायब हो गया!

(5)
वनों की कटाई से
बांदना और टुसू के गीत मर रहे हैं
बाँसुरी के सुर, माँदर की थाप मौन बेसुध हो गए हैं
डर है हरियाली के अंत का—
जंगल की हवाओं के गुम हो जाने
बारिश की झड़ी के लुप्त होने का—

(6)
पहाड़ की लड़कियाँ गाती हैं लोकगीत
सारंडा का जंगल
छोटानागपुर की धड़कन है
यहाँ की मिट्टी, यहाँ की जड़ें
हरियाली का अगम स्रोत हैं
ख़ुशहाली का पैग़ाम हैं

लेकिन जब पेड़ गिरते हैं

तो सिर्फ़ लकड़ी नहीं गिरती
गिरता है एक भरी-पूरी आदिम संस्कृति का वजूद
गिरता है आदिवासियों का स्वाभिमान
गिरती हैं उनकी उम्मीदें
उसका लय और स्वर टूटता है

2. जंगल के सौदागरों को घेरने की तैयारी

जंगल चुप्पी तोड़ रहा इस फागुन
पलाश पर लाल फूल दहक रहे, देखो
आने वाले किसी
ज़र्द, तमतमाए मंज़र का संकेत तो नहीं!
उठते चक्रवात में सारंडा के जंगल के
पत्तों की तेज़ सरसराहट और
पंछियों का विकल शोर कोई विद्रोह-गीत तो नहीं
नदी घाट पर पहरा गाँव वालों का
पगडंडियों की ओस सूख गई आवाजाही से
रेत के भीतर जल खौल रहा
पहाड़ी बस्तियों में रात-बेरात डुगडुगी बज रही
केंदु पत्ते महुवे के ढेर पर
तीर–तरकश का अभ्यास चल रहा
बिरसा का गीत गा रहे जंगलवासी
पहाड़ से इस बसंत के निकलने के पहले ही

3. काठघर बेतला में ठहरा हूँ

संझा उतर रही है पहाड़ी छोर पर सब ओर
हिरण दौड़ रहे हैं नेशनल पार्क के खुले मैदान की ओर
जबकि जाना चाहिए था उन्हें घने जंगलों में
गाइड ने बताया शिकार के डर से
हर शाम वे चले आते हैं यहाँ
जहाँ फटक नहीं पाते शिकारी
न तान पाते अपनी बंदूक़ें इन पर
इन हिरणों को डर नहीं अब बाघ से
डरते हैं सिर्फ़ आदमी, यानी आदमज़ाद से
गाइड ने ख़ूब घुमाया पार्क वन्य में इधर-उधर
जंगली हाथियों की तलाश में हमें—
पर कहीं न दिखा हाथियों का दल
कई कहानियाँ भी गढ़ी हाथियों के रोज़ दिखने की
फिर मेरे चेहरे के उतरते भाव पढ़े
कुछ जंगली भैंसे दिखे और बार-बार गाइड
जंगली हाथियों की चर्चा करता रहा
बड़ी मुश्किल से एक मोर और एक चील दिखी
जो जीप की आवाज़ सुन
बीहड़ वन में प्रवेश कर गया
शैलानियों की सुविधा के नाम पर
वन्य मार्ग पर यत्र-तत्र दिखे
कटे अनगिन सागवान के पेड़
और दूर-दूर तक सपाट होता जंगल

फिर भी काठघर में ठहरा हूँ
अपने मित्र के साथ बेतला के नेशनल पार्क में
पूरे संतोष से कि कुछ तो है
आज भी इस अभयारण्य में
जो बेतला के बहाने इस उष्मई साँझ को
जून के पावस में डुबोकर
क्लांत वन-गाथा को बयाँ कर रही है!

4. फूल का खिलना

यहाँ होना तुम्हारा
सिर्फ़ खिलना नहीं है एक फूल का
एक उगान है, कलियों का नसपुटों को छेद
शाखों पर आना
जंगल के फिर से हरा होने की उम्मीद है

एक महक है क़ुदरत की
तुम्हारा इस तरह आकर
कवि के हुलास में शामिल होना

स्वागत है, आओ—
अपनी पूरी ख़ूबसूरती और रंग के हुनर
और प्रकृति की लय के साथ आओ
जिसे हम जंगल का लौटना कहेंगे
इस बंजर बेज़ार होती दुनिया में—

5. पेड़ और पुरखे

पेड़ हमारे सबसे पुराने साथी हैं धरती पर
हमारे पुरखों से गहरे रिश्ते रहे हैं
इन्होंने उनकी ज़मीन को धँसने से बचाया
बाढ़ में शरण दी
नदियों को सूखने से बचाया
तपती गर्मियों में छाँह दी
तरह-तरह के सुस्वाद फल दिए
बुरे दिनों में क्षुधा तक मिटाई

इनकी मतवारी टहनियों में
कभी सरसराहट-सी बजती थी
और हम सब विभोर हो उठते थे
वे हमारे लिए बसंत लेकर आते थे
उसके कोटरों में तोते वास करते थे
टहनियों पर पंछी गुनगुनाते थे
गाँव भर के माल-मवेशी यहाँ सुस्ताते थे

'एक भरा-पूरा आत्मीय परिवार-सा
हम साथ-साथ रहते आए थे सैकड़ों वर्षों से
सुख-दुख, आँधी-बतास सब
साथ झेलते हुए'—कहते थे दादा जी
उनके दादा जी ने इन्हें बड़े जतन से बड़ा किया था

अपने ओटे पे बैठा सोच रहा हूँ—
मेरे पुरखों के वंशजों को कितनी निर्दयता से काट डाला
उसकी हत्याएँ कर दीं वन विभाग ने
(आसपास के कई पेड़ों की)
जो सड़क की नापी में आ गए थे
उसकी जगह लोहे के पिंजड़ में कई जंगली पौधे लगा दिए गए
पिंजड़े के बाहर जिनके फुनगी-पत्ते
रोज़ कुतर रहीं बकरियाँ

6. जड़ें

बढ़ती ही जाती हैं
अँधेरे में
अतल गहराईयों में
अपने आसपास सदैव
मिट्टी को थामे हुए—

जड़ें
बेख़बर हैं
बसंत से पतझड़ तक
पृथ्वी के आवरण के हर मौसम से—

जड़ें तो
तल्लीन हो
सोखती रही हैं
धरती का सत्वजल
और फैलाती रही हैं
निरंतर उसे
शाखाओं-प्रशाखाओं से
लताओं-गुल्मों-फुनगियों-कल्लों तक—

जड़ें
टकराती रही हैं
पृथ्वी के गर्भ में

चट्टानों से
गर्म तैलीय लावा से
उफनते धुँओं से भी
आघात से, जिसके नित
टूटते-फूटते रहे हैं
उसके असंख्य रोएँदार कोमल रोम—

जड़ें चाहे जितनी बेचैन रही हों
दुखः-कातर या निस्सहाय
पर भेदती रही हैं दिन-रात
धरती का सीना
सहती रही हैं
धरती की सीलन-तपिश
फिर भी विकल रही हैं निरंतर
भीतर ही भीतर धँसने को—

पेड़ों को क्या मालूम कि
इस कठिन यात्रा में
जड़ें
मरती रही हैं
सड़ती रही हैं
फिर भी
हर क्षण लड़ती रही हैं
विघ्न-रोड़ों से
उनके जीवन के वास्ते—

जड़ों की चिंता
वाजिब है
उस पर गर्व होना चाहिए पेड़ों को!

हालाँकि पता है सबको कि
जंगल बचे हैं अब तक
जड़ों के दुर्द्धर्ष संघर्ष से ही

सच है कि जड़ों ने
वन्य-संसार में
श्रम की संस्कृति रच रखी है
और खड़े किए हुए हैं
अपने कंधों पर
जंगलों का गौरवमय इतिहास—

फिर भी मज़लूम हैं
जड़ें पेड़ों के बीच
जैसे दुनियाभर के इतिहास में
मेहनतकश घट्ठाए हमारे हाथ
मज़लूम हैं
जिन्होंने सिरजा है बड़े जतन से
विश्व में पूरी मानवता को—

यह भी सोचना कितना
हैरत-अंगेज़ है कि
तख़्त-ए-ताऊसों से इमारतों तक
बिछते रहे हैं केवल उसके हाड़
जड़ों का कहीं नाम नहीं!

पर जहाँ भी जड़ें साबुत हैं
(ठूँठ बादियों में भी)
जीवन के फिर से
लौट आने की

संभावनाएँ अशेष हैं—
फिर भी जड़ों के नसीब में
बदी है सिर्फ़
अँधेरी स्याह रात
नहीं मयस्सर है कभी
प्रकाश का एक कण भी

7. पंछी भाग रहे

रोज़ समूहों में
किसी अनागत भय से
गगनचुंबी मोबाइल टावरों की
तरंगों से टकराकर—

हाईवे के दोनों बग़ल
कटते दरख़्त
उजड़ते घोंसले...
पंछी विलुप्त हो रहे

अक्सर मरे हुए पंछियों के शव
देखता हूँ यत्र-तत्र
पार्कों-उद्यानों में
कहाँ सुनता हूँ गोधूलि में अब
चिड़ियों की चहचहाहट
एक-दो दिखते भी हैं तो
बिजली की तार पर
बिन दाना-पानी के मुँह खोले
चिचियाते—
कैसे बहलाउँ बच्चों का दिल
किन मैनों-गौरैयाओं-तोतों की
कहानी सुनाऊँ उन्हें
देखा नहीं जनम से जिन्हें अब तक

कौवे-चुनमुन भी
कहाँ उतरते आँगन में
दाना टूँगने ?

न जाने कौन देस
किस वन-नदी
किस घर-आँगन-गाँव-बहियार
की तलाश में
पलायन कर गए
पंछी टोलियों में !

8. टिटहरी

फुदकती थी
बहुरंगी टिटहरी
मेरे आँगन-बहियार में रोज़
टुँगती थी दाना
गाती थी गीत—

मुझसे मिलने
टिटहरी के संग-संग
गाती-ठुमकती
चली आती थी तुम उसे
दाना खिलाने के बहाने

फिर एक दिन वह उड़ गई
और कभी न लौटी

तुमने कहा—
ज़रूर बहेलिए के जाल में
जा पड़ी होगी वह

सहसा विश्वास न हुआ मुझे
पर तुम भी जब न लौटीं शहर से
अपने गाँव
(इतने बरस बाद भी)

तो सचमुच लगने लगा
टिटहरी को
हमेशा के लिए
फाँस ले गए बहेलिए—

9. महुआ

मेरी बारी में
महुआ का यह पेड़
दिन-दिन सूखता जा रहा है
अब फल नहीं आते उस तरह
न ही गमक उसकी
फैल पाती
भीतर वाले घर-ओसारे तक

कंक-सा होता जा रहा है यह पेड़
तुम्हारे जाने के बाद

कहती है माँ
जब से टिटहरी
लापता हुई इस पेड़ से
यहाँ पहाड़ के
भूतों ने डेरा डाल दिया है

कौन देस चली गई
टिटहरी संग तुम
कि लौटने का नाम नहीं लेती?

10. गमले का फूल

खिलना था हमें उस फैलाव में
जहाँ जल-थल-पंछियों का बसेरा हो
जहाँ धूप उतरती हो पूरे जलप्रसार पर
जहाँ सूरज के लाल कटोरे का बिंब
हमारी खिली गदराई देह से जल में
हिल-मिल जाती हो
पुरबाइया के झोंकों में साथ
रह-रहकर थरथराती हो
जहाँ वादियाँ पूरे यौवन पर हों

खिला हूँ लेकिन
तुम्हारे गमले में
दुनिया की सब बंदिशों के साथ
बूँद-बूँद जल का पिपासु बन मैं
बिन हहराते जल के
बिन सरसराते वायु के
तुम्हारी छोटी-सी जगह के कश्मकश में
गमले में
अपने सपनों के टीले पर

11. पतझड़

पेड़ पत्ते गिराकर जब
नंगेपन की तरफ लौट रहे हों
कविता को
उन छूटे हुए दिनों का बसंत कहना
शरारत है तुम्हारी

यादों के दरीचों से बाहर निकल ज़रा
ओ कवि
लिख पतझड़
बज रहा जो सूने दयार में

12. लौटूँ फिर

शाख से गिरा हुआ एक सूखा पत्ता हूँ

जब तक जुड़ा था
धरती ने सींचा
सूर्य ने हरा रखा
ऋतु ने प्यार किया
पंछी ने घोंसले बनाए
पथिक ने छाँव ली
हवा ने अठखेलियाँ की
मेघ ने नहलाया मुझे
यौवन था, मस्ती थी भरपूर
यूँ समझो...
सरसराहट-सा बजता था
जीवन-संगीत मेरी नस-नस में

अपने प्रारब्ध पर किंचित दुःख नहीं मुझे
बस एक ही इच्छा से भरा हूँ
कि मिट्टी में गर्त हो
लौटूँ फिर टहनी पर वापस
नए रूप में
उजड़ते जंगल की हरियाली बनकर—

तृतीय सर्ग : दरिया का मर्सिया (10 कविताएँ)

अगर फ़ुर्सत मिले पानी की तहरीरों को पढ़ लेना
हर इक दरिया हज़ारों साल का अफ़्साना लिखता है
-बशीर बद्र

1. बिन पानी सब सून

(1)
सबा थी
बेहद नर्म
तब्दील हो गई जो
ख़ुश्क ज़र्द
हवाओं में!

कटे हुए जंगलों को अपार दुःख है कि
वे होते तो
जंगलों में नमी बरक़रार होती!

(2)
जिन झरनों पर कभी बाघ और मेमने आते थे
वे आज सूखे पड़े हैं
दोनों अब उन ठंडी हवाओं का रुख़ कर रहे
जिधर से रुत और बहारें लौटती हैं...

(3)
पहाड़ की जिन तलहटियों में
थोड़े-बहुत पानी बचे हैं
वहाँ अभी मनुष्य और जानवर
दोनों समकक्ष खड़े हैं
यह भेद भुलाकर कि
उनमें कौन बड़ा है!

(4)
शहरों में अभी
महँगे फलों की कोई पूछ नहीं
डालिए पीले पड़ गए
लोग डाभ, खीरे, तरबुजों पर टूट पड़े हैं!

मुर्ग़ियाँ, बकरे सब के सब दाने की बजाय
पानी की तलाश में
इधर-उधर मुँह मार रहे हैं!

(5)
निर्जला कोई भी नहीं रह सकता!

बड़े से बड़े आदमी को भी
भाषण के दरम्यान
एक घूँट पानी की ज़रूरत पड़ती है

पानी ही आख़िरी पंथ है हर आदमी का
फिर भी पानी को कितना रुख़सत किया हमने
अपनी ज़िंदगी से

2. नदी : कुछ कविताएँ

(1)
नदी अकेली नहीं होती
मौसम, बहारें, धरती के अक्स
साथ लेकर चलती है—
सोचता हूँ
नदी न होती तो क्या होता?
कहाँ जाते हम
क्या और कैसे करते?
पर हमने
कभी सोचा?
नदी का कितना आदर किया?

(2)
हमारे भीतर भी एक नदी बहती है
जीवन-पर्यंत बचाए रखना चाहते हैं उसे
करुणा की वह नदी
सूखने लगती है जब
जीवन भी
अकालग्रस्त हो जाता है

(3)
नदी पार करना आसान नहीं
इस पार से उस पार जाना

नदी पार करना नहीं होता
पूरी नदी को
कब किसने पार किया ?

(4)
नदी बना नहीं सकता कोई
जैसे नाला या नहर बनाते हैं
नदी को जन्म लेने में
करोड़ों साल लगते हैं
पर मरती हैं वह
हर दिन, टुकड़े-टुकड़े
(सरस्वती, घाघरा, कुनो, पार्वती,
सब साक्षी हैं)

(5)
नदी जितनी भीतर मर रही है
उतनी ही बाहर भी

नदी
हमारा भार ढोते-ढोते
थक चुकी है
निस्पंद पड़ गई है

(6)
नदी
पहाड़ों का सपना है
जंगलों की हँसी
और समुद्र का इंतज़ार
वह हर बीज की माता भी है

(7)

नदी जाएगी
तो सभ्यता भी जाएगी
जीव, जंगल, पंछी और हम
नदी के सहारे ही
अब तक वजूद में हैं

(8)

क्या करेंगे हम
वेद और बाइबिल बचाकर
अगर नदी न बच पाई तो?

3. बाँसलोई में बहत्तर ऋतु

(1)
संथाल परगना के जंगल
पहाड़ और बियावानों में
भटकती हुई
एक रजस्वला नदी हो तुम
नाम तुम्हारा बाँसलोई है
बाँस के झाड़-जंगलों से निकली हो
रेत ही रेत है तुम्हारे गर्भ में
काईदार शैलों से सजी हो

तुम्हारे उरोज पर
रितु किलकती है केवल
बरसात में
तब अपने कुल्हे थिरकाती
पहाड़ी बालाओं के संग
गीत गाती
अहरह बहती हो

पहाड़ी बच्चे तुम्हारी गोद में खेलते
टहनियों की ढेर चुनते हैं
भोजन–भात पकता है
पहाड़ियों के गेहों में
उनके उपलों से

कलकल निनाद का निमंत्रण पा
दक्षिणी छोर से
क्रीड़ा करती हुई
मछलियाँ भी आ जाती हैं
और पत्थरों की चोट से
अधमरी हो
रेत के खोहों में समा जाती हैं
या फिर, मछुआरों के जाल में फँस जाती हैं

इतनी चंचला, आवेगमयी होती हो
आषाढ़ में तुम
कि कोई नौकायन नहीं कर सकता

ठूँठ जंगलों से रूठकर
कठकरेज मेघमालाएँ पहाड़ से उतरकर
फिर जाने कहाँ बिला जाती हैं
और तुम अबला-सी मंद पड़ जाती हो
क्षितिज तक गमन करती
पतली रेत की वक्र रेखा भर रह जाती हो
तब लगता है तुम्हारे तट पर
ट्रक-ट्रैक्टरों का मेला
आदिवासी औरतें अपने स्वेद-कणों से
सींचती हुई तुम्हें
कठौती सिर पर लिए
उमस में बालू ढोती जाती हैं

सूर्य की तपिश में हो जाती हो
तवे की तरह गर्म

उनके पैर सीझ जाते हैं
तुम्हारे अंचल में चल-चलकर तब

(2)
नदी माँ, तुम्हारी ममता में
बहत्तर ऋतुओं को जिया है मैंने

देखता हूँ तिल-तिल जलती हो
दिन-दिन सूखती हो
क्षण–क्षण कुढ़ती हो
मन ही मन कोसती हो जंगल के सौदागरों को
रेत के घूँघट में मुँह ढाँप
रात–रात भर रोती हो

तुम्हारी ज़िंदगी दु:ख का पहाड़ है
सचमुच पहाड़ की छंदानुगामिनी हो तुम!
बूढ़े पहाड़ की तरह तुम्हें भी
शहर लीलता है हर साल थोड़ा-थोड़ा
इसीलिए इतनी बीहड़, उदास, कृशा हो तुम!

तुम्हारा जन्म
किसी हिमालय की गंगोत्री में नहीं
पहाड़ी ढलानों में अनचाहे उग आए
बाँस की झुरमुटों से हुआ है

मुझे डर है
आदिम सभ्यता की आख़िरी निशानी
जोग रही हो
पर बचा नहीं पा रही अपनी अस्मिता

सारे पत्ते गिराकर जंगल नंगे हो रहे हैं
पेड़ दम तोड़ रहे हैं
पंछी नीड़ छोड़ रहे हैं
नित तुम्हारा सर्वांग हरण हो रहा है
और मानवीय पशुता के बीच
गहरी उसाँसें भरती नित
मैली हो रही हो तुम

मुझे दुःख है
अपनी छायाओं में फली-फूली
आदिम सभ्यता के मनोहर चित्र
रेत के बवंडरों से पाटती हुई
लोक-कथाओं में
तुम स्वयं एक दिन
किंवदंती बनकर दर्ज हो जाओगी—
(संथाल परगना की एक पहाड़ी नदी 'बाँसलोई' की व्यथा-कथा। यह पाकुड़ और दुमका ज़िले को विभक्त करती है।)

4. पहाड़ी नदी के बारे में

अपनी बाँहों में
कलसियाँ
होठों पर
वीरानियों से सनी
घिर आई साँझ की
कोई विदागीत
गुनगुनाती पहाड़न
उस बूढ़ी नदी के
सीने पर
छोटी-छोटी कटोरियाँ
बनाती है
रेत से
रेत को
अलग करके

क्षण में उस वृद्धा के
विलाप से
कटोरियों का तल
पसीज जाता है
और अँजुरी समाने भर
पारभासी नीर
पात्र में
थिराने लगता है

पहाड़न
उलीच-उलीचकर उसे
वियोगिनी नदी के
आँचल में
डाल देती है
यज्ञ के अनल-कुंड में
पूजित भाव से प्रक्षेपित
हव्य की तरह

तब स्नेहिल
वात्सल्य का
स्वच्छ
पारदर्शी
प्रशांत जल
पात्र में
ठहरने लगता है और
पहाड़न का रूप
नदी का अर्थ उसमें
गोचर होने लगता है

पहाड़ की मिट्टी से बनी
कलसियों में
पहाड़ का दुःख
नदी का ममत्व भरकर
विरह का कोई पहाड़ी गीत
फिर गुनगुनाती
अँधेरा होते
अपने गेह

लौटती पहाड़न के
पदचाप
और स्वर
तब सिर्फ़
नदी और पहाड़ ही
सुन पाते हैं
उस उजाड़ सुनसान दयार में

5. दियारा में रेत होती ज़िंदगी

दियारा- 1

न शहर, न गाँव है
न ठाँव है कहीं, न छाँव है
रेत से पटा दयार है
दूर तलक पसरा सन्नाटा है
निस्पंद गंगा के कछार का
हाँ, यह दियारा इलाक़ा है

ठौर-ठौर जल-जमाव है
छिछली नदी में एक-दो नाव हैं
नाव में चढ़ते-उतरते दियारा के लोग
और लोगों को टेरते मल्लाह
खेते जाते हैं अपनी पतवार
मगन होकर गुनगुनाते जाते हैं
दुःख से भींजे कोई गीत

मौन दियारावासी खुले आसमान के नीचे
बीच कभी ठुड्डियों पर
अपनी उँगलियाँ टिकाए
कभी घुटनों के बल टिके
तो कोई निर्निमेष निहारता जाता
क्षितिज पर अनंत शून्य

तो कोई नाप रहा होता
जल राशि के अपार विस्तार के साथ
मन ही मन अपनी घनीभूत पीड़ा

समय मानो ठहर गया हो यहाँ!
न जाने किस दुश्चिंता में ऊब-डूब
कांति-म्लान इन चेहरों पर उछरी
कितनी-कितनी लकीरें
कहती हैं दियारा के दर्द की अनगिन गाथाएँ!

समय के प्रवाह में बहती जीवन की नाव
फिर हिचकोलें खाती है
केवट का स्वर-लय टूटता है
नदी का मौन भंग हो जाता है
आ जाता है घाट
और पथ

उतारता है नाविक यात्रियों को
उस पार हौले-हौले
जहाँ मयस्सर है सिर्फ़
गंगोटी का बलुआही सफ़र—
रेत की सर्पिल पगडंडियाँ
जहाँ देखता हूँ कुली-पिट्ठूओं का दल
जो घाट पर कब से उनकी बाट जोह रहे हैं!

मौसम के सिवा यहाँ कुछ भी ख़ुशगवार नहीं
रेत होती दियारावासियों की ज़िंदगी में
ख़ुशियाँ कम हैं ग़म ज़्यादा
विकास की आख़िरी किरण से महरुम

जनपद-मुख्यालय से कटा
दियारा में सुविधाओं का नामो-निशान नहीं
झोपड़पट्टियों में बेहाल लोग
न सड़कें, न बिजली, न पेयजल
न पक्के मकान, न दुकान
हाथ हज़ार पर रोज़गार नहीं
अर्द्धनग्न या लँगोट पहने
थिगड़ों में लिपटे पुरुष
दीखते हैं दियारा में कहीं तो
स्त्रियाँ फटे बसन अपनी देह चुरातीं
बच्चे भी नंग-धड़ंग
जो स्कूल जाने के बजाय गृहस्थी में हाथ बँटाते—
मछलियाँ-केकड़े-घोंघे की खोज में
चहबच्चों में कमर तक कीचड़ गहडोरते
कितना हृदयविदारक है—
उन बाल-गोपालों के हाथ
कभी क़लम नहीं गहे

ले-देकर बस एक खेती है गुज़र-बसर को
और खेत भी ज़्यादातर रेत-सने हैं!

फसल के साथ इलाक़े में
अपराध भी ख़ूब फलते हैं
बोता कोई है, काटता कोई है
फसल-कटाई के दिनों कई बार
पसीने की जगह खून टपकते हैं खेतों में
हत्याएँ और लूट तो सरेआम हैं

दियारा- 2

साँझ गहराते ही
बच्चों की आँख की तरह
बंद हो जाते हैं दियारा के रास्ते
दूर-दराज़ गाँवों में कहीं
जुगनुओं की तरह टिमटिमाती हैं लालटेनें
बाक़ी सारा दियारा निमग्न होता है
घुप्प अँधेरे में
झींगुरों की आवाज़ में
टोडों की टर्राहट में
तेज़ हवाओं की सरसराहट में

लाचार हो या बीमार कोई
राशन-पानी का इंतज़ाम करना हो
या दवा-दारु का
कोसों पैदल चलकर ही
तय होती हैं दियारा में
बाज़ार-अस्पताल की दूरियाँ

दियारा- 3

आषाढ़ के आते-आते नदी फूलने लगती है
तब राई-सी मुसीबत भी पहाड़ बन जाती है
दियारावासी लहरों पर अपनी आँख बिछाए
नदी-माँ से कोप बरजने की प्रार्थनाएँ करते
कोशी-बलान-कमला-गंडक भी उफनती
गंगा से गले मिलती हैं सावन में

पर सँभाल नहीं पाती गंगा अपनी बहनों की बाढ़
नेपाल का बैराज खुलते ही
बेतरह खौलने लगती है वह
और तटबंध भहराने लगते हैं

लोग घर-बार छोड़ भागने लगते हैं
लील जाती है कई बार हहराती गंगा
पूरा का पूरा दियारा
बह जाते हैं कई जान-माल-मवेशी
किसानों के सालों सँजोए सपने भी

जो बच पाते हैं इस विभीषिका से
उनकी आँखों में होते हैं
दुखों के अंतहीन जंगल
और उनके सिर पर खुला आसमान

दियारा- 4

जब मेघ उतर आते हैं खाड़ी में
नई जलोढ़ मिट्टियाँ पट जाती हैं समूचे दियारा पर
और मृण्मय श्मशानी चुप्पियाँ फैल जाती हैं दूर तक

फिर होती हैं कई सरकारी घोषणाएँ
और राहत के नाम पर एक बार फिर
लूट का बाज़ार गर्म होता है
कुछ सेर मोटे अनाज और कुछ रुपए
मुआवज़े के तौर पर बाँट
दियारावासियों को फुसला लिया जाता है
हर बरसात में

घर-दुआर माल-मवेशी खेत-खलिहान
ओसारों में चहकते छोरे
खेतों में लहलहाते धानों की बालियाँ
चौपालों में गूँजते गीत
पागुर करती गायों के स्वर
यानी कि विस्थापन का पूरा स्मृतिचित्र ही
दिन-रात तैरता है बेबस आँखों में
और हरदम एक हूक-सी
उठती रहती है दियारावासियों के दिल में

6. कोसी—शोक में डूबी एक नदी का नाम है

कोसी मंद पड़ रही

लौट रहे लोग
सब कुछ हारकर वापस
अपने घर मकान खेत-खलिहान
सबकी आँखें ढूँढ़ रहीं अपने-अपनों को

लोगों की बाढ़ उमड़ रही
दियारा में, गाँव में, शिविरों में

सिर पर मोटरी
गोद में कंधे पर बाल-गोपाल
चेहरे पर गहरी चिंता लिए
मन-मन भर भारी पैर से
चल रहे धीरे-धीरे
नई मिट्टी और रेत पटे
रस्ते पगडंडियों पर

दूर बहुत दूर तलक पसरे
मृण्मय श्मशानी चुप्पी
और मातम के बीच

विलाप और थकान सर्वत्र
महामारी और सड़ा पानी सर्वत्र

हर आँख में लहराता
आँसूओं का पारावार

धराशाई झोंपड़ी और मकान
गिरे हुए पेड़
पानी में तैरती लाशें

चीलों-कौवों की छीना-झपटी
उनके शोर से टूटता सन्नाटा
और मरे जानवरों से उठती दुर्गंध

राहत-शिविरों में अन्न की उम्मीद में
घंटों खड़े सैकड़ों लोग

ध्वस्त मकानों की ओट में
प्रसव-पीड़ा से कराहती औरतें
बर्बादी का खौफ़नाक मंज़र
और और!

पानी घट रहा
कि पानी बढ़ रहा

कोसी मंद पड़ रही
कि कोसी समा रही
जन-जन की आँखों में
नीर बनकर
हृदय में लोगों के
दुस्सह पीड़ बनकर!

7. थकी-हारी गंगा

कहते हैं-
राजा सगर के
साठ हज़ार शापित पुत्रों को तारना था
स्वर्ग से गंगा को धरती पर उतारना था
वेगवती उसकी लहरों में सृष्टि
बह न जाए
महादेव ने इसलिए
धार उसकी अपनी जटाओं में बाँध
पृथ्वी को उपकृत किया
और तब
भागीरथ प्रयत्न से उतरी गंगा ने
अपने अंचल में
धरती को अपना लाड़-प्यार दिया

गंगा को बाँधने-छीनने का फिर सिलसिला शुरू हुआ
हरिद्वार से नरोरा तक—
टिहरी से कानपुर, फरक्का तक
भोग-लिप्सा की अनंत जटाओं ने
कितनी बार! कितनी बार! गंगा को बाँधा
मार्ग बदर किया

नित्य दुःख-बलाघात सहती
गंगोत्री से खाड़ी तक

वह पीड़ीता आदिम पशुता के बीच हाँफती
टूटती जाती है बहती जाती है किसी तरह

छटाएँ उसकी जितनी गंगोत्री में हैं
उतनी नहीं काशी में
बक्सर सोनपुर पटना में उदास-सी
नवगछिया मणिहारी में तो टूट गई है
रेशा-रेशा
उसकी देह टीले, टापुओं, खोहों से भर गई है
जहाँ दिन में भी श्मशान-सी उदासी पसरी होती है
फिर भी सदियों से कचड़े ढोती
म्लान कृशकाया
थकी-हारी सुरसरि
अपनी ही मुक्ति की तलाश में
घिसटती हुई बहती जाती है

8. उस पार

निविड़ एकांत में
सुस्ताने दो मुझे

जुड़ाने दो थोड़ी देर
किनारे के नीरव निशांत में
और लौट आने दो अपने बीते समय में वापस—

कितनी दूर निकल आया हूँ अपने गाँव से
जिसकी तलहटी में मयुराक्षी (नदी) का आँचल पसरा है
जिसके सिर पर हिजला (पहाड़) का मुकुट शोभता है
जहाँ पहाड़ी गड़ेरियों की बाँसुरी की धुन सुनता हूँ
तो कहीं भोर की ओस भरी बलुई नदी पार कर रहे
माल-मवेशियों के पद-चाप और
पहाड़ी बालनों के गीत

जंगल में महुआ गिरने की
'टप-टप' आवाज़ और रह-रहकर आती
कोयलों की कूक ने तो
मुझे कोर दिया है भीतर तक
लाचार कर दिया है
अपने गाँव लौटने को
लौटने दो मुझे अपने देस

9. नदी को देखो

नदी को देखो
उथले कछार को देखो
वक्ष पर रेत के ढूहों में देखो
उमस में बालू ढोती पहाड़न का
स्वेदलिप्त चेहरा और जलते तलुवे
किनारे जल बिन हाँफते पंछियों की
चीख़ भी सुनो

इतनी उदास नदी
इतनी मंद उसकी धार
और महसूसो रेत भरी नदी में
दुःख की तेज़ धार

10. रेत भरी नदी

उस रेत भरी नदी से सटकर
ज़रा सुनना
कहीं अतल से उसके रोने की
टप-टप आवाज़ तो नहीं आ रही!

चतुर्थ सर्ग : हरिया गा रहा तराई में (28 कविताएँ)

अभी यहाँ से उठकर, चलकर 'इनिसफ्री' को जाऊँगा
मिट्टी-सरकण्डों की छोटी कुटिया एक बनाऊँगा
तरु पर एक शहद का छत्ता, मटर सतर नौ माटी में—
यहाँ करूँगा वास अकेले मधुकर-गुंजित घाटी में
-विलियम बटलर येट्स की कविता से
(हरिवंश राय बच्चन द्वारा अनूदित)

1. महुआ फूलने के मौसम में

यह पेड़ों के नंगेपन की ओर
लौटने का मौसम है

अपने पत्ते गिराकर
पेड़ कंकाल-से खड़े हैं पहाड़ पर
पूरी आत्मीयता से
अपने सीने में
जंगल वासियों के पिछले मौसम की
दुस्सह यादें लिए

जंगलात बस्तियों तक पहुँचती
वक्र पगडंडियाँ
सूखे पत्तों और टहनियों से पुर गई हैं
जिनमें साँझ से ही आग की लड़ियाँ
दौड़ रही हैं सर्पिल

दमक रही है पहाड़ की देह
रातभर आग की लपटों से
पहाड़ के लोगों ने जंगली रास्तों में
अगलगी की है

पहाड़ और जंगल फिर से
नए जीवन में लौट आने की प्रतीक्षा में हैं

पहाड़िया झाड़-झाँखड़ भरे रास्ते
और ज़मीन साफ़ कर रहे हैं

पहाड़ी जंगलों में यह महुआ फूलने का मौसम है
प्रवास से लौटी कोकिलें
बेतरह कूक रही हैं और
फागुन में ऊँघते जंगलों को जगा रही हैं

टपकेंगे फिर सफ़ेद दुधिया
महुआ के फूल दिन-रात
पहाड़ी स्त्रियाँ, पहाड़ी बच्चे बीनते रहेंगे
पहाड़ के अंगूर
भरी साँझ तक टोकनी में

धूप में सूखता रहेगा महुआ दिनमान
किसमिस की तरह लाल होने तक

गमक महुआ की फैलती रहेगी
जंगल-वासियों के तन-मन से
श्वाँस-प्रश्वाँस तक
जंगल से गाँव तक उठती पुरबाइयों के झोंकों में
गूँजते रहेंगे महुआ के मादक गीत
बाँसुरी की लय माँदर की थाप पर
घरों, टोलों, बहियारों में...

बसंत के आख़िर तक यह होता रहेगा कि
नए पत्ते पहाड़ को फिर ढक लेंगे तेज़ी से
फल महुआ के कढुआने लगेंगे

जंगल के सौदागर मोल-भाव करने महुआ के
आ धमकेंगे बीहड़ बस्तियों तक और
औने-पौने दाम में पटाकर
भर-भर बोरियाँ महुआ
बैलगाड़ियों-ट्रैक्टरों में लाद
कूच कर जाएँगे शहरों को

थोड़े बहुत महुआ जो बच पाएँगे
व्यापारियों की गिद्ध दृष्टि से
पहाड़िया के घरों में
ताड़-खजूर के गुड़ में फेंटकर
भूखमरी में पहाड़न चुलाएँगी
हंडिया दारू
और दिन-दुपहरी जेठ की धूप में
तसलाभर मद्य लिए भूखी-प्यासी
बैठी रहेगी हाट-बाट में
गाहकों की प्रतीक्षा में साँझ तक

नशे में ओघराया उसका मरद
पड़ा रहेगा जंगल में कहीं
अपने जानवरों की बगाली करता हुआ

2. जलदर्पण और मैं

जब भी मैं
जलदर्पण के समीप होता हूँ
अपने आपको
क्षणभर
प्रकृति के सारे उपादानों के मध्य
स्निग्ध, नीरव वातावरण में पाता हूँ

पर पंछियों का कलरव
ज्योंही कोलाहल बन जाता है
पत्तों की सरसराहटें
तेज़ हो जाती हैं
और जलजीव
हरकतें करते हैं
स्थिर जलछवि
हिल जाती है
और कैनवास का पूरा चित्र विचित्र हो जाता है

काँपता हुआ जलाशय
फिर धीरे-धीरे
शांत हो जाता है
जलाणुओं में धीरज
समा जाता है और
तस्वीर तब साफ़ हो जाती है

मेरे भीतर भी
जब कुछ हिलता है तो
मानस पटल पर उभरती
तस्वीरें धूमिल
और धुँधली हो जाती हैं
शब्द-चित्रों के उपसर्ग
प्रत्ययादि कुछ हिल-डुल जाते हैं

3. तितलियाँ

आम के झुरमुटों में
मदमाती, मचलती
श्वेतवर्णी पंखों वाली
तितलियाँ
इन दिनों
बड़ी चैन से
मगन होकर
क्रीड़ा करती हुई
ताज़ातरीन बेपरवाह ज़िंदगी
जी रही हैं
जब तक कि
कोपलों की झर्राहटें
उनके पर न कतर दें!

4. अपनी ज़मीन से छूटते हुए लोग

(1)

उनके पक्के इरादों में ढलीं
सौ-सौ फ़ीट चौड़ी ये सड़कें
तुम्हारी छातियों पर दौड़ती हुई
पहुँच जाती हैं सीधे
खदानों से कल-कारख़ानों तक
बाज़ारों को नापती हुई उन दहानों तक
जहाँ सागर पर बेड़े खड़े हैं
और देखते ही रह जाते हो तुम
विकास की बाढ़ में लीलते
अपने गाँव-घर, खेत-बहियार सब

बेदख़ल कर देते हैं तुम्हें तुम्हारी दुनिया से
थोड़ी-सी ज़मीन और कुछ रुपए
वे मुआवज़े के तौर पर देकर

तुम लौट आते हो यातना के सरकारी शिविरों में
जुते हुए बैलों की चाल की तरह भारी मन लिए

घर-दुआर, खेत-खलिहान, गाँव की हर चीज़
यानी कि विस्थापन का पूरा भूगोल ही
तिरता है दिन-रात तब तुम्हारी लाचार आँखों में
और दिल में हरदम हूक-सी उठती रहती है

(2)

एक शहर अब तुम्हारा इंतज़ार कर रहा है, देखो—
गाँव के किसान-कारीगर सभी
अपनी बहू-बेटियाँ, बच्चे और सरो-सामान से लदे
ट्रक-ट्रैक्टरों से वहाँ कूच कर रहे हैं
यह दुनिया देखो, कितनी जगजग है!

कहते हैं, इस शहर की कभी आँख नहीं लगती
न रात होती है यहाँ, न सूरज उगता है
पक्षियों की चहचहाहटों और पत्तों की सरसराहटों से महरूम
इस शहर का अपना संगीत है
जिसके कनफोड़ शोर में बेसुध रहते हैं नागरिक यहाँ
किसी को खुलकर बतियाने की फ़ुर्सत नहीं
रोबोट-सी चलती है ज़िंदगी यहाँ

(3)

शवदाह-गृहों से निकली जली अपनी अस्थियाँ
फ़ैक्ट्रियों के कचड़ों से नदी-जल में एकमेक होकर
एक दिन यहीं कहीं
'ग्लोबल-विलेज' का हिस्सा बन जाएगी
और हमारी-तुम्हारी संस्कृति का एक भरा-पूरा
अध्याय भी समाप्त हो जाएगा!

(4)

अपनी ज़मीन से अनज़ान नई पीढ़ियाँ
मन बहलाने गाहे-ब-गाहे पहुँच जाया करेंगी संग्रहालयों में
और अपनी आँखें फाड़-फाड़ देखेंगी
हल-फाल, ढेंकी, चाक, लालटेन, सिलौटे, जाँते, बैलगाड़ी

टमटम, हुक्के, पालकी, सेवार की चटाईयाँ, तीलियों के बने पिंजड़े
बाँस की आरामकुर्सियाँ, मेज़ वग़ैरा
भूले-बिसरे भित्ति-चित्रों में तुम्हें नाचते-गाते, ढोल बजाते...
और कहकहे लगाएँगी—
'ऐसे भी होते थे लोग कभी!'

अपनी ज़मीन से छूटती यह दुनिया
कहाँ चली जा रही है
बता पाएँगे कभी क्या अंतरिक्ष में गोता लगाते वैज्ञानिकगण?

5. फूलमनी

कितनी भोली
और अनजान हो तुम फूलमनी
इस धरती पर
वायुयान को
एक चील समझती हो
और रेलगाड़ी पर
बैठने के सपने देखती हो

सूरज रोज़
गुम्मापहाड़[1] के पीछे से उगता है
और बाँसलोई[2] नदी की
कोख में समा जाता है
हर साँझ तुम्हारे लिए

तुम्हारे लिए
पृथ्वी जब से बनी
कच्छप अवतार की
पीठ पर या शेषनाग के
फन पर ठहरी हुई है

---

1. दुमका का एक पहाड़
2. पाकुड़ और दुमका को विभक्त करती एक नदी

दुमका शहर अब भी
तुम्हारी पहुँच से
बहुत दूर है फूलमनी

इतना भी नहीं जानती कि
तुम्हारे गाँव से
बहुत ही बड़ी होगी यह दुनिया!

बस नदी पार...
जंगल से क्षितिज तक
जितनी देखती हो फैली हुई धरती
जो आसमान से जा मिलती है
वहीं तक समझती हो
है यह दुनिया
जिसमें अपने गाँव सरीखे
और कई गाँव होंगे

रतजगी कर नित्य
केंदु-पत्ते के पत्तल
दतुवन के मुठ्ठे
बाँस की टोकरियाँ
बनाती हो
हर मंगल-सनीचर को
नदी पार हाट जाती हो

पूरा गाँव निढ़ाल होता है जब नींद में—
बहुत भोर में—
मुर्ग़ा-बाँग से बहुत पहले ही
उठ-पुठकर

जंगल चल देती हो
महुआ बीनती हो
लकड़ी चुनती हो
घास का बोझा बनाती हो

मन ही मन
मगन हो कोई प्रेमगीत गुनगुनाती हो
और बांदना-माघे परब के आने की
प्रतीक्षा करती हो

"आएगा सुकल बेसरा गाँव
असम से कमाकर
तुम्हारे लिए नई साड़ी
ब्लाउज़ के कटपीस
और रोल-गोल्ड के
सुंदर-सुंदर हार
रंग-बिरंगे बाले लेकर"

हाट-बाट से थककर
जड़ी-बूटी, कंद-मूल-महुआ-दतुवन सब
बेच-बिकन कर
दिनभर की थकान के बाद
नहा-धोकर
जलखई कर
जब सज-धजकर
ख़ाली टोकरी पर हाथ धर
दलान की सिल पर
बैठती हो सुस्ताने
तो

रोज़ साँझ डूबने तक
अपने पिया के बारे में ही
चिंतामगन रहती हो कि

'इस बार
उरिन हो जाएगा तुम्हारा पति
गाँव के रामनरेश भगत के क़र्ज़ से

तुम्हारी चाँदी की माँगटीका, हँसुली
फिर लौटा लेगा तुम्हारा सुकल महाजन से
तुम्हारी गईया
फिर वापस गोहाल में पागुर करेगी
और तुम्हारा छोटका
ज़रूर नाम लिखा लेगा इस बार स्कूल में

फिर जाओगी
बापू को देखने नदी पार
पहाड़ के दक्षिण
बीस कोस पैदल
अपनी माँ के घर स्वामी संग
परब के कुछ उपहार लेकर'

पर सिहर उठता है तुम्हारा मन
यह सोचकर कि
कई महीने हो गए नैहर गए हुए—

पता नहीं
खाँस-खाँसकर बापू का
बुरा हाल हो रहा होगा

माई भी कुहरती होगी
गोहाल में गायें फँसी होंगी गोबर से
और छोटकी पर नज़र गड़ाए होगा
रामजस सिंह का निठल्ला बेटा कन्हैया

फूलमनी! देखता हूँ
धरती पर तुम
निष्पाप-निश्छल नारी का प्रकृति-रूप हो
ममता और प्रेम की घनीभूत पीड़ा हो
तुम्हारे भीतर प्रेम की अविरल नदी बहती है
और विरह की अगन जलती है
सच और सपने की आँख-मिचौनी के बीच
अपने पति के लौटने की चिर-आशा लिए
पगडंडियों पर बिछाती हो नित्य पलकें अपनी
जिनमें ज्वार के पहले की
सागर-सी थमी हुई निस्तब्धता होती है
पर हर साँझ
तुम्हारी याद को
विकल रात में बदल देती है
अगली सुबह के लिए

पता नहीं किस दिन
तुम्हारे अंतस की चढ़ी नदी में
बाढ़ आ जाए
और उसमें तुम्हारे सपनों का घरौंदा बह
किसी सुनसान टीले के
ठौर लग जाए!

6. विदा साँझ

विदा साँझ—
लौट रहे पंछी
घुमड़ रहे काले बादल

विदा दिन—
लाल सूरज का अंतिम छोर सरक रहा पहाड़ के पीछे
बैल-बकरी-गाय-कुत्ते-भेड़-सूअर
उतर रहे पहाड़ से तराई में

विदा दिन की थकान—
लौट रहा मवेशी हँकाता निठल्ला-मगन पहाड़िया बगाल
पगडंडियों के रस्ते
सिर पर ढेर सारा आसमान लिए
बाँसुरी से कोई लोक-धुन छेड़ता

विदा-साँझ का स्वागत—
पहाड़ी कन्याएँ पहाड़ी गीत गुनगुनातीं
डूबती साँझ का आदर करतीं
लौट रहीं सखियों संग क़तार में
जंगल से टोले की ओर
टोकनी-भर महुआ के सफ़ेद फूल समेटे

साँझ विदा—
साँझ गहरा गई पहाड़ पर

डूब गई पूरी पहाड़ी बस्ती घुप्प अँधेरे में
महुआ-हड़िया के ख़ुमार में

रात गिर रही तराई पर पोर-पोर
ओस-भींगी अमावस में
बेबस पहाड़िन
काली रात का आलिंगन कर रही

यह सब देख-सुन मौन है पहाड़
हृदय में असह्य पीड़ा सहता
जंगल-जीव-नदी-जल-वायु-पत्थर-जड़ी-बूटियों की
विदा-साँझ की पश्चात-कथा का दंश झेलता
मानो साँझ को गीले मन से विदाई देता
भीतर-भीतर टूटकर रोज़ बिखरता
नई भोर की प्रतीक्षा में पहाड़

7. कब लौटोगे सुकल परदेस से

कहकर गए थे
कि कमा-धमाकर धनरोपनी के समय
ज़रूर लौट आओगे
अब तो धनकटनी का समय भी बीत रहा
पर तुम न आए

तुम्हारे साथी-लोग जिस पर तुम जान छिड़कते थे
अकेला छोड़ लौट आए गाँव
असम के दंगे झेलने तुम्हें

औरत होकर मैंने जैसे-तैसे खेत जोता
अकेले हाट-बाट जाती रही बेच-बीकन करने
भला बैल और भीड़ हमरी कहाँ सुनता है!
बैल की मार खा-खाकर खेत जुती
औने-पौने दाम में महुआ-बरबट्टी बिकी
ख़ैर साल के बुरे दिन तो टर गए जैसे-तैसे
पर तुम जो शहर गए तो अब तक गए ही हो

गाँव की सारी औरतें बाहा-परब की तैयारियाँ कर रही है
सबके मरद शहरों से लौट चुके हैं
और गाँव में ही रह रहे अपने परिवार संग
एक तुम हो कि शहर के लालच-बलाय में पड़े हो
—सब चर्चा करते हैं

न जाने किस दुविधा में फँसे हो तुम
असम जाकर कि
आने का नाम नहीं लेते
साथियों से कहला भिजवाया कि
सब इंतज़ाम कर जल्दी लौटोगे
फिर न कोई सनेस, न पाती

छोटका रोज़ तंगतंगियाता है मुझे
बापू कब आएगा
और मैं रोज़ झूठ बोलती हूँ—कल

गाँव की बहनें भी
पनघट पर तरह-तरह के सवाल करती हैं
कुछ चुटकियाँ लेती हैं
तुम्हारे मरद को किसी बॉब-कट केश वाली
या बैगवाली ने फाँस लिया होगा
पर तुम्हारे बचन का भरोसा करती हूँ
और उन निगोड़ियों के मुँह नहीं लगती

सच बताओ सुकल, कब
लौटोगे परदेस से—
तुम बिन फीका-फीका है सब कुछ यहाँ
सब साज-श्रृंगार
आँगन की रंगोली
कोयल का कूकना
महुआ-साल का फूलना
लड़कों का ढ़ोल बजाना
लड़कियों का गाना-थिरकना

बहुत अनकुस लगता है तुम बिन
बहुत उदास रहती हूँ तुम बिन

आम भी मँजराने को है
धनकटनी पूरा करके मुझे
खमार में धान भी पीटना है तुम्हारे संग
और गोहाल के गोबर के ढूहों को भी ठिकाने लगाना है

बहुत दिन हुए तुम्हारी कजरी और फसल-गीत सुने
बहुत दिन हुए तुम्हारी बाँसुरी बजे
महीनों बीत गए साईकिल पर बैठ
तुम संग हाट गए

आओ सुकल... छोड़ो शहर का मोह
जैसे भी हो, गाँव में ही हम दो रोटी का
जुगाड़ करेंगे अबके बरस से
पर जाने न देंगे तुम्हें
गाँव से बाहर

पर आना तो मेरे माथे
की बिंदी, कर्णफूल और बैजयंती हार ज़रूर लेते आना
छोटका का सूट-पैंट
अपने लिए नया धोती-कुरता और नई बाँसुरी भी

कितना अच्छा होगा कि
हम उरिन हो जाएँगे गाँव के महाजन से
तुम्हारे लौटने पर
फिर मिलकर दोनों
माँझी-थान जाएँगे

बनदेवता को नैवेद्य चढ़ाएँगे, पूजेंगे

फिर परब के नए गीत सुनाना मुझे
बाँसुरी बजाना
नई वाली पूरे सुर में तुम
और सखियों संग मैं
तुम्हारे लाए गहने, नई साड़ी में
फूलों से सजकर ख़ूब नाचूँगी

8. कब लौटोगी सुगनी गाँव

सुगनी, तुम्हारा इस तरह
उस शहराती अजनबी संग दिल्ली चले जाना
और वहीं नर्स की नौकरी पर रह जाने के फ़ैसले के बाद
गाँव की लड़कियों ने दुआर तक आना बंद कर दिया

तुलसी की पौध सूखने लगी
तुलसी-चौड़े पर काई जम गई
पूजाघर के देवताओं के आदर कम हो गए
घर-दालान की हब-गब शांत हो चली
फूलों की क्यारियाँ मिट चलीं
पनघट भी अपना सूना हो गया
और महुआ के फूल अनाथ हो गए

मेरा मन बहुत उदास रहता है
न खेत जाने का मन करता है
न धान पीटने का

गाँव के छोरे तुम्हारे बारे में
कैसी-कैसी छींटाकशी करते हैं!
कहते हैं-
'शहरी बाबू ने तुमको फुसला लिया'

कहो न सुगनी, झूठ है यह सब
कब आओगी गाँव सुगनी

बुरा हाल है यहाँ सब का
नहीं आना चाहती
तो मैं ही शहर चला जाऊँगा तुम्हें लेने

बहनें पूछती हैं
कब लौटेगी सुगनी परदेस से
तुम बिन बाहा-परब बेकार बीत गए
नगाड़े-तुरही के ताल बिगड़ गए
टुसू के गीत बेसुरे हो गए
अमलतास-साल-पलास के फूल यूँ ही झड़ गए
टिटहरी-गौरैया एकदम से ग़ायब हो गई
गोहाल में दिन उठने तक
गाएँ फँसी रहती हैं गोबर में
बाँसुरी पर भी धूल जम रही
और तुम्हारे सब गीत
भूलता जा रहा हूँ मैं धीरे-धीरे

माँझी-थान पर आवाजाही भी कम हो गई
कोयल का कूकना अब सुहाता नहीं
न जंगल में मोर का नाचना
बकरियाँ मिमयाती हैं तो लगता है
रो रही हैं
गाएँ पगुराती हैं तो लगता है
भीतर से बेचैन हैं बीमार हैं
कुत्ता भी किसी अनजान अपशकुन से
मानो रात-बेरात भूँकता नहीं, रोता है

तुम्हारा यहाँ से जाना
गाँव से ख़ुशी का उजड़ जाना है

सब सखी-सहेलियाँ, माँ-बापू
और काका भी तुम्हारा इंतज़ार कर रहे हैं
शहर से तुम्हारे वापस लौट आने की

कहो न सुगनी कब लौटोगी अपना गाँव ?
कौन-सा जादू कर दिया उस परदेसी बाबू ने तुम पर
या फिर किस परेशानी में फँसी हो
कि लौट नहीं पा रही इतने दिन बाद भी

पूरा पहाड़-नदी-झरना-ताल-तलैया
यानी कि तराई पार का पूरा गाँव ही
उजाड़-सा दीखता है तुम बिन
सब के सब तुम्हारे लौटने की
बाट जोह रहे हैं कब से!

9. असम से लौटकर हरिया सोरेन

(असम में उपद्रवियों द्वारा सताए गए झारखंडी भाई-बहनों की व्यथा-कथा सुनकर...)

(1)
अबकी अगहन में ही
लौट आया हरिया
असम से अपने गाँव

अपने दो जन गँवाकर
बंधना परब से दो मास पहले

हरिया सोरेन अच्छा बजनियाँ है
माँदर बजाता है
बाँसुरी बजाता है
और परब के गीत ख़ुद बनाता है
ख़ुद गाता भी है
वह अच्छा चित्रकार भी है
दीवाल पर गेरू रामरस चूना सुरखी टेसू-जामुन से
हाथी ऊँट मोर फूल-पत्तियों के भाँति-भाँति के
सुंदर-सुंदर भित्ति-चित्र उकेरता है, गाँव-घर में
उसकी बहुत क़द्र है, पचास का है वह
काका कहकर सभी हँकाते हैं उसे

इस बार मगर हरिया चुप-चुप रहता है
न कहीं आता-जाता है
न गीत ही लिखता है परब के
नीमिया के नीचे दिनभर दालान में
महुआ के मद्य में ओघराया
कभी ज़मीन टकटोरता तो
कभी अकास निहुरता है
एक जगह भोर का बैठा-बैठा
चिलम पर चिलम पीता
साँझ कर देता है
बीच-बीच में उसके होंठ हिल पड़ते हैं-
'काहे ढिठाई की थी चुड़का तूने
हमरे संग चलने की
अपनी घरवाली के कहने में आकर..'
तो कभी हुँकार मारकर रो पड़ता है-
'बेटा बुधन नहीं बचा पाया तेरा यह कायर बाप
तुझे उपद्रवियों के क़हर से'

उसकी ललछौंही आँखों से ढरक आते हैं आँसू
उसके स्याह होंठ तक और
पठार-सी उसकी काया थरथराने लगती है
उसकी संतानें सुखमुनी, बिटीया और पत्नी सुगिया भी
उसके साथ सिसकने लगते हैं

(2)

धनकटनी पूरी हो गई पहाड़ पर
माघ का महीना है, धान पीटे जा रहे हैं खमार में
पहाड़ी बस्तियों में रौनक़ें लौटने लगी हैं
गाँव के मुखिया-माँझी टोलों में

परब के दिन तै कर रहे हैं—
उपर टोला चौदह तारीख़ सोमवार
मरांग टोला सोलह तारीख़ बुधवार
कदम टोला बीस को
यानी अलग-अलग टोलों में बँधना-माघी के
अलग-अलग दिन धराए गए

सारा पहाड़ नवगति-नवलय-नवताल में है
पर हरिया के हृदय में पड़ा मौन टूट नहीं पाया
हराधन, बेटाधन, छोटका सभी आए समझाने-बुझाने हरिया को
पर हरिया उदास है

(3)

आज हरिया के गाँव में परब है
लड़के दल बनाकर ढोल-माँदर
बाँसुरी-तुरही-झांझ बजा रहे हैं
लड़कियाँ हरे-नए परिधान में
फूल-पत्तियों और मिट्टी-काग़ज़ के
तरह-तरह के गहनों में सजी-सँवरी
एक-दूसरे की बाँहों में बाँहे डाले
लड़कों के दल को अर्धचंद्राकार
पंक्तियों में घेरे थिरक रही हैं

सभी गा रहे हैं फसल के गीत और
बढ़ रहे हैं क़दम दर क़दम
हरिया की झोपड़पट्टी की ओर
सबकी आँखें ढूँढ़ रही हैं हरिया सोरेन को
पर दिख नहीं रहा कहीं हरिया सोरेन

4)

पहाड़ की तराई में अकेला खड़ा हरिया गा रहा है—
(या कि दहाड़ें मारकर रो रहा है)
उसके गीत में पहाड़ का दुःख है
दहाड़ है, चेतावनी है
अपने लोगों के लिए सीख है
वह गा रहा है और कह रहा है—
उठो, जागो मेरे भाई
वनदेवता तुम्हें जगा रहे हैं नींद से
अब और सोने का समय नहीं

तराई की ज़मीन पर जाओ
ऊबड़-खाबड़ टीले-टप्पर काटो-छाँटो
उसे चौरस बनाओ
कुँआ खोदो वहाँ हल-बैल लाओ
जोतो-बोओ, हम वीर सिदो-कान्हू की संतान हैं
भूलकर भी अब परदेस कमाना मत भाई
अपनी ज़मीन पर ही मेहनत-मजूरी करना
बाहर लोग हिकारत भरी नज़र से देखते हैं हमें
असाम में अब तक हमारे सैकड़ों भाईयों को
मौत के घाट उतार दिया गया
मुंबई से भी हमें खदेरा गया
हमारी बेटियाँ हर दिन दिल्ली के बाज़ार में
बेची जाती हैं
हमारे बीच के लोग इसमें दलाल बनते हैं
इन दलालों का मुँह काला करो, गाँव निकाला करो

हमें अपने जंगल बचाने हैं, पहाड़ बचाने हैं
यहीं... पहाड़ की तराई में हम अपनी

छोटी-सी दुनिया बसाएँगे
अब हम बाहर नहीं जाएँगे
उठो, जागो मेरे भाई
पहाड़ के देवता तुम्हें जगा रहे हैं

10. लौट आ ओ, समय-धार

लौट आ ओ, समय-धार!
पगली बसंती बयार—
देह से घूमते-लिपटते धूल-कण
गोधूलि की बेला—
लौटते मवेशियों के खुरों से मटमैली होती
डूबती साँझ
उसमें बजते लोक-शब्द
सब लौट आ
लौट आ ओ, समय-धार!

(हाथ की बनी गाँठ
दाँत से भी नहीं खुलती)
चलते-चलते इतनी दूर चले गए कि
घर का पता सब भूल गए
लौट आ ओ! समय-धार

कोस भर नदी ने
अपने रस्ते बदल लिए
पगडंडियाँ सब बिला गईं
दोस्त-यार अपने गाँव छोड़
धीरे–धीरे जाने कहाँ चले गए
गाँव की लड़कियाँ भी काम की खोज में
दूर-दूर चली गईं

न गीत, न धुन, न थाप, न पदचाप
न चौपाल न जामुन-पीपल-महुआ-पलाश के पेड़
दादी के स्वर्गवास के बाद
लोरी नहीं सुनाई देतीं

आया हूँ बरसों बाद अपने गाँव
पर ढूँढ़ नहीं पा रहा अपना वह गाँव
बहुत बदला-बदला-सा लगता है यह गाँव
थमे हुए स्वर, गीत-संगीत, रीति-रिवाज

कहाँ है इस गाँव में मेरा गाँव ?

11. हेमसागर

धरती से सत्व-जल
सूरज से गरमाई
किसान का श्रम-जल लेकर
मेघ की असमय बूँदा-बाँदी और
हवा के झकोरों के बीच
फूलते हैं बौर धीरे-धीरे
अमराई में

फिर ऋतु पकाती है
समय की धौंकनी में
कितने गदराए रसीले हेमसागर
जिसे देखकर
मेरी बड़ी हो रही बिटिया
आह्लाद से मचल उठती है!

किसान बग़ीचे से बिजूका[1] उतार
ऋतु का पहला फल
नैवेद्य चढ़ाता है देव-थान पर
पत्नी बेटी की नज़र उतारती है
और मैं धरती पर मत्था टेक
ऋतु और जननी
दोनों को प्रणाम करता हूँ

---

1. खेत में बना पुतला

12. गाँव की एक शाम

खेत के पीछे सूर्य ढल रहा है लाल

कामिन बुवाई से लौट आई है
ज़मींदार के आदमी के पास
रोज़ की ख़ुराकी लेने

उसकी पीठ पर बँधा बच्चा
डाँव-डाँव कर रहा भूख से

पीछे मरद उसका लौट रहा है
दारू पीकर निठल्ला
गाय-भैंस चराकर

उसके महुए की गंध में
पहाड़न के पसीने की गंध घुल गई है

यह शाम इतनी घबराई हुई
डूब रही है बेतरह रेंकते गधों के साथ
कवि हैरान है
कि यह शाम है कि कोई वहशत
पसीने से छीलते दिन की!

13. पगडंडियों पर चलते हुए देखा

पगडंडियों पर चलते हुए देखा
चरवाहे अपनी गायें चराते
गाते जा रहे थे
शायद कोई ताज़ा गीत, हाँ एक लोकगीत..
ओस से भींगी दूब की तरह
मन का बासीपन हरते

उस गीत में
कितनी रवानगी थी कि
गड़ेरिया तो मस्त था ही
पत्ते, फूल और टहनियाँ भी मौसम के साथ
मस्त, झूम रहे थे उस अनाम गीत में

नदी हहरा रही थी
कोयल कूक रही थी
मन डोल रहा था
भोर उजास से पूर गया था
न जाने किस गीतकार के उस बेनाम गीत से!

14. चिड़ियों का प्रेम

पहले-पहल जब चलना सीखा
और माँ की गोद से उतर
देहरी पर पहला पाँव रखा
तो दालान में चिड़ियों को देखा—
अपनी चोंच में तिनका दबाए
घोंसला बुनने में मगन थीं
कभी चोंच से अपने बच्चों को दाना चुगा रही थीं
तो कभी चोंच मारकर अपनी बोली में उसे
फड़फड़ाना, उड़ना-फुदकना सिखा रही थीं

सचमुच इतने कुसमय में भी नहीं बदला
चिड़ियों का प्रेम

15. वह तुम हो

न 'मिस वर्ल्ड' से, न 'मिस इंडिया' से
मेरी आँखें जुरा सकतीं
धरती का प्यार हो जिसकी आँखों में
बसंत की मदहोशी हो जिसकी देह में
वह तुम हो—
जो चिड़ियों के साथ जगती है हर सुबह
और दिन ढलने तक जोगती है
बाहर-भीतर मेरी पूरी दुनिया

16. आओ, तुम्हारा आना

आओ, तुम्हारा आना
सोए बादलों का जागना है मेरे घर-बहियार में
बाहर-भीतर सब बंजर में अकस्मात
तड़ित का रह-रहकर कौंधना है

तुम्हारा आना गर्जन-तर्जन को
अपनी देह में लपेटे
बारिश के मौसम का फिर से मुझ में लौटना है
बेहद उदास-शुष्क क्षणों में

प्रकृति-गति-लय-स्वर-संगीत-राग-रंग
दीवारों पर बनी चित्र-भित्तियाँ
किताबों में अलसाए शब्द सब
किलकारियाँ भरते हैं
तुम्हारी आहट से
तब भींगता हूँ मैं सराबोर, पोर-पोर
तुम्हारी रससिक्त चेतना के उल्लास में

17. गाँव में धुंध

(दिल्ली वायु-प्रदूषण को देखकर)

शरद ऋतु है यह
हमारे गाँव में—

खेत से नदी-कछार तक
तलहटी से जंगल-पहाड़ तक
ओस की नरम ताज़ा बूँदों की
धुंध की सफ़ेद चादर-सी लिपटी है सब ओर

कुछ ही देर में पूरब से लाल सूरज उठेगा
किरणें अपना घूँघट खोलेंगी
धुंध शरमाकर भाग जाएगी
उसके सारे आब-शराब कपूर हो जाएँगे
फिर लौटेगी हौले-हौले शाम के बाद ही
सूरज के डूबने पर तन्हाई में
और रात को अपने सिहरन में ले लेगी

इस जलीय कोहरे से जीवन मिलता है
—धरती को, पेड़ को, फसलों को, पशुओं को भी

इस धुंध में ज़हर नहीं
न बच्चे डरते हैं
न उनके स्कूल ही कभी बंद होते हैं

18. लौट जाओ विकास-पुरुष

जब विकास की बात करते हो तुम
तो नदियों का जल काँपने लगता है
पेड़ और पंछी उदास हो जाते हैं
पहाड़ मौन हो जाता है
किसान के दिल में हूक समा जाती है

दिन सूना
रातें भयानक
बेघरों के यातना-शिविरों की दुःस्मृतियाँ जाग उठती हैं

- फिर लय में कोई प्रलय!
- फिर नीरवता में कोई झंझावात!
नहीं, नहीं... लौट जाओ विकास-पुरुष
नहीं चाहिए हमें तुम्हारा वैश्विक गाँव
हम फिर से अपनी आदिमता में लौट आना चाहते हैं
जिसमें घने जंगल हों
पंछियों की तेज़ चहचहाहटें हों
बच्चों के खेलने की जगह और किलकारियाँ हों
पशुओं के रँभाने की आवाज़ें हो
हर खेत से हरियाली हँसती हो
हर नदी के जल में रवानगी हो
पहाड़ ओस से पूरा तर-बतर धुंध में लिपटा हो
और सूरज पूरे शौर्य से

किसी बड़े लाल फल की तरह
हमारे झोपड़े के पीछे से
आकाश में ताज़ातरीन हो उठा हो

19. बारिश

(1)
पहली बारिश है
मिट्टी में लिपटकर बूँदों ने
जो सोंधी गंध बिखेरी है
उसमें शाम को लौटते गाय-बैल
पंछी-परुए भी बेहद ख़ुश लग रहे!

(2)
कई बारिशों
का जल और आब
जड़ों के भीतर रंध्र में गहरे पहुँच चुके
फुनगियाँ तक नहा गईं हैं
पेड़ फूल रहे हैं
किसान मस्त हैं
खेतों की आड़ियाँ जल सतह को छू चुकी हैं
मौसम में भी खनक है

(3)
फिर और कई बेतहाशा बारिशें आईं
गाँव शहर तक डूब गए
गंगा तटबंधों को तोड़कर
खेत घरों के भीतर उद्धम मचा रही
माल-मवेशी तबाह हो गए

(4)

अब बारिश का शोर थम गया
नई मिट्टी में
मौसम की उदासी है—
लेकिन
किसान लौटने की तैयारी कर रहे हैं फिर
जीवन के चक्र में

20. कंक्रीट के जंगल

पहले खेत था
भरा-पुरा मैं
हरियाली बहती थी वहाँ उगी बालियों से
फुनगियों से

महुआ साल पलाश से लिपटी बयार
मुझे और
गाय-बैल-बकरियों को छूकर गुज़रती थी
और उछाह से हिलोरता था मन
सरगम-सा

मगर अब मृत-मन हूँ
कंक्रीट के जंगल-सा हूँ
सभ्यता का आख़िरी पड़ाव हूँ
अपने विदा होने की बाट जोह रहा हूँ

21. कूड़े का पहाड़

पहाड़ हूँ मैं धरती पर
पर धरती ने नहीं रचा मुझे
न उसके भीतर के बेचैन लावा ने
न सूरज ने

मिट्टी ने भी नहीं
पानी ने भी नहीं
न ऋतु ने

और न ख़ुद ही बना हूँ!
धरती का कृत्रिम पुत्र हूँ मैं
सभ्यता ने अपने हाथों गढ़ा है मुझे

घर-घर से निकले कचरे ने बनाया मुझे
प्लास्टिक ने, रसायन ने और टूटे सामानों ने
सड़े-गले मलबों ने
फ़ैक्ट्रियों की राख और जैविक अपशिष्टों ने
थोड़ा-थोड़ा जोड़कर
रोज़ गढ़ा मुझे
मेरे बनने के अनगिन क़िस्से हैं—
(मेरे भीतर दफ़्न है आदमी के बनने-बिगड़ने का रोमांच)

तुम्हारी फेंकी गई हर चीज़ समाती गई मुझमें
और मुझे पहाड़ बनाती गई
समझो कि मैं
कायनात की एक अवांछित रचना हूँ
सभ्यता का एक परित्यक्त अध्याय—एक ग़ैर-फ़ानी लानत
तुम्हारी कुटिल बुद्धि का शिकार
या कहो एक आकार हूँ मैं
लेकिन कुतुबमीनार हूँ मैं

हूँ तो मैं पहाड़ जैसा
पर बादलों को नहीं घेर सकता
न हवाओं को रोक सकता
न बारिश ला सकता
न मेरे आँचल में नदी किलक सकती
न गोद में मेरी उग सकते कोई पेड़, घास या जंगल

मुझ में मिट्टी को थामने का तनिक साहस नहीं
अरे, मैं तो मिट्टी में रिसता हुआ ज़हर हूँ!
उसकी साँसें रोकता हूँ
धरती मुझसे पूछती है-
क्यों छीन लिया तुमने मेरी साँसों का हर ज़र्रा?

मैं मीथेन के गँधाते हुए बादल वाला पहाड़ हूँ
जो जल उठता हूँ जब-तब
बिन अगलगी के ही
घेर लेता हूँ फिर पूरे शहर को धुँए की चादर से—
बदल देता हूँ पूरे शहर की आबो-हवा
ग़ाज़ीपुर, भलस्वा और ओखला तक फैला हूँ

अपनी आग़ोश में मैंने हर शजर को मुरझाते देखा है
हर बुज़ुर्ग-बच्चे को चीख़ते-खाँसते देखा है

आसपास हर घर में साँसें सिकुड़ती हैं
हर फेफड़ा मेरी आग में धधकता है
मेरी जगह जहाँ कभी पेड़ थे, पक्षियों के घोंसले थे
अब चुप्पी और गंध है
आग और धुआँ है

मैं तुम्हारे गुनाहों का संसार हूँ
हाँ, मैं कूड़े का पहाड़ हूँ

22. कवि का घर

(उन कवियों के लिए जिनका जीवन प्रकृति से न्यस्त था)

किसी कवि का घर रहा होगा वह
और घरों से जुदा
और निराला
जहाँ चींटियों से लेकर चिरई तक उन्मुक्त वास करते थे
चूहों से गिलहरियों तक को जहाँ हुड़दंग मचाने की छूट थी

बेशक उस घर में सुविधाओं के ज़्यादा सामान नहीं थे
ज़्यादा दुनियावी आवाज़ें और हब-गब भी नहीं थी
पर प्यार, फूल और आदमीयत ज़्यादा महकते थे वहाँ
आत्माएँ ज़्यादा दीप्त दिखती थीं
साँसें ज़्यादा ऊर्जस्वित

धरती की संपूर्ण संवेदनाओं के साथ
उस घर में पूरी जिजीविषा से
जीता था अकेला वह कवि-मन बेपरवाह
चींटियों की भाषा से परिंदों की बोलियों तक को पढ़ता हुआ
बाक़ी दुनिया को एक चलचित्र की तरह देखता हुआ—

तब जाकर कहीं भाषा
एक-एक शब्द बनकर आती थी कवि के पास
और उसकी लेखनी में विन्यस्त हो जाती थी
अपनी प्रखरता की लपटों से दूर

स्वस्फूर्त हो
कवि फिर रचता था उनसे एक नई कविता

23. यहाँ कभी बसंत नहीं आता

घर से बाज़ार तक बेतरतीब बिछे
सुंदर काग़ज़ के ये
रंग-बिरंगे फूलों के गुलदस्ते
पॉलीथीन के गमले
बताते हैं कि भागमभाग इस दुनिया में
मन के किसी कोने
सौंदर्य-प्रेम की अनुभूति
बची है अब भी
जिसे याद कर हम सिहरना चाहते हैं

दौनी-निकौनी, खर-पतवार का झंझट नहीं
न खाद, बीज और पानी ही डालना पड़ता है
धूप-हवा की भी ज़रुरत नहीं इन फूल-पत्तों को
शयन-कक्षों से लेकर दुकानों तक को
सजाते हैं सगर्व हम इनके बग़ीचे

अच्छा तो लगता है यह सब
पर मन हरा नहीं होता
न मन खिलता है, न फूल
सुवास बिखरती नहीं कहीं

अंतस के आँगन में
बसंत कभी आता नहीं

मधुमक्खियाँ इन फूलों पर मँडराती नहीं
न पंछी आकर यहाँ गाते
बया अपने नीड़ नहीं बनाते
न हवाओं में डालियाँ ही झूलती हैं

यंत्रवत् खड़े ये बग़ीचे
मन की बेकली नहीं हर पाते
न देख इन्हें हृदय ही हुलसता है

24. पंछी

(1)
सोचता हूँ कई दिनों से
पिंजड़े में क़ैद इस पंछी
को मुक्त कर दूँ

उड़े यह स्वच्छंद आकाश
पर पंख खोल उड़ना
इसने तो सीखा ही नहीं

फड़फड़ा तो सकता है
पर उड़ नहीं सकता
पेड़ पर बैठ
दाना चुग नहीं सकता

बाँहों में पंख नहीं उगे थे
जब कोटर से
उतारा गया था इसे
मुझे संशय है
और दुःख भी कि
अब यह पंछी ही न रहा

पंख इसकी बाँहों पर
एक निरर्थ-सी चीज़ बन गए हैं

खुला आकाश
आकाश चूमती पहाड़ों की मेखलाएँ
घूमती हुई मेघमालाएँ
जंगल के लहराते हरे सैलाब
क्षितिज छूती कलकल नदियाँ
वृंदों में चहचहाना
अनंत उछाह आज़ादी और प्रेम-प्रसंग करना
—इनका इसे अनुभव नहीं

इस अनुभवहीन पंछी का क्या करूँ?
पिंजडा ही
इसका घर है और संसार भी

(2)
एक और पंछी है
पिंजड़े में बंद
यह दाना चुगने का
लोभ संवरण न कर सका
और बहेलिए के जाल में आ फँसा
अब केवल फड़फड़ाता है
न सोता है
न चुगता है
कई दिनों से सीखचों से लड़ता हुआ
यह विकल पंछी
थक-हारकर चुप बैठ गया
फिर बिसार दिए अपने सुख के दिन
ग़ुलामी को अपनी नियति मान लिया
धीरे-धीरे इसकी मति-गति भी

पहले पंछी की तरह हो गई
स्वच्छंद विहार, पंख और उड़ान के विस्मरण से
उसका घर-संसार भी
पिंजड़ा ही हो गया

(3)
एक अन्य पंछी भी
पिंजड़े में कई दिनों से क़ैद है
सीखचों से टकरा-टकराकर
उसकी बाँहें लहूलुहान हो गई हैं
और पर भी झड़ रहे हैं
फिर भी हार नहीं मानी है उसने
पंख खोल खुले आकाश में
उड़ान की ख़ुशी
नहीं भुला पाया अब तक वह
फड़फड़ाहट की आवाज़
दिन-रात सुनाई देती है उसके पिंजड़े से
और अपने सुख के दिनों पर
वह बिसूरता है

उसके लिए
संभावना अब भी शेष है कि
कब पिंजड़ा खुले
कब वह उड़े!
आज़ादी-सी कोई
दूसरी वस्तु नहीं उसके लिए
न स्वर्णजड़ित पिंजड़
न अन्न के दाने
न और कुछ

लेकिन बुद्धिजीवियों के बीच
बहस छिड़ी है कि
पिंजड़ा सबसे सुरक्षित जगह है उसके लिए—
न बाज आकर खाएगा, उसे न बिल्ली
और दाना-पानी भी इफ़रात है!

(4)
एक और भी पंछी है
सबसे न्यारा
परम स्वतंत्र
वह खुले आकाश में विचरण करता है
समूची पृथ्वी का पंछी उसका परिवार है
आज़ादी ही उसका जीवन है
जगह-जगह
वह पंछियों को संदेश देता है
- आज़ादी का
- उड़ान का
- उछाह का
पंखों का बाँहों पर होने का
अर्थ बतलाता है
और पिंजड़े से
सावधान करता है पूरे पक्षी जगत को

25. मैना

आज
एक मैना मिली
मरी हुई
सड़क किनारे

बग़ल में बरगद का पेड़ था
नहीं रहा होगा लेकिन उस पेड़ पर
उसका घोंसला
न आई थी कोई मैना
उसका शोक मनाने
कौवे की तरह

शायद अकेली थी
भटक गई होगी
या बीमार रही होगी

बिना दाना पानी के
हो सकता है, उसने प्राण त्याग दिए हों
कुछ पता नहीं चला
लेकिन उसकी मौत
कुछ अप्रत्याशित-सी लग रही थी
आख़िर क्यों हुई मौत
उस अकेली मैना की ?
क्या किसी अनहोनी की दस्तक थी ?

26. वापसी

सूर्य अपना शौर्य बदलता है
तो ऋतु बदलती है
धूप की तासीर बदलती है
पूरा जंगल अपना हरापन उतार
निरावरण हो जाता है कंक-सा
फिर से लौटने की प्रतीक्षा में

नदी अपनी धार
नाविक अपनी दिशा
चींटियाँ अपने रस्ते
चिड़ियाँ अपनी उड़ान तक बदल लेती हैं
बदलते ऋतु की आहट पाकर

जन-जानवर भी अपनी आदतें
किसान अपनी दिनचर्या
युगल अपने प्रेमगीत के मुहावरे बदल लेते हैं

लेकिन इनमें से कोई भी नहीं बदलता अपना चरित्र
फिर लौटकर सब वापस चले आते हैं—

लंबी उड़ान पर गई बुलबुल भी
प्रवास के बाद लौट आती है वापस

सरीसृप भी शीत-निद्रा से वापस लौट आता है
मौसम के अनुकूल होने पर
अपने विष-दंतों को फिर से सुलगाते हुए

इनमें से कोई भी अपना चित्त नहीं बदलता
गमन के बाद सब वापस चले आते हैं

कवि ही सिर्फ़ ऐसा कलाकार है
जो बदलता है मौसम का रुख देखकर
पर कभी नहीं लौटता मंचासीन होने के बाद
फिर से अपने घर वापस
(गुलदस्ते, प्रशस्तियाँ और इनाम पाकर)
न कभी कविता ही लौट पाती उसकी
जहाँ से वह चली थी—

27. मेरा खोया बसंत कोई वापस लौटा दे

माघ-शुक्ला की पंचमी बीत गई
पर बसंत नहीं आया
वह पूछ रहा-
'कहाँ आऊँ मैं?
कैसे आऊँ?'

बहुत हैरान है बसंत
बहुत परेशान है बसंत

आना चाहता है वह
बयार बनकर
पर नहीं मिल रही ऋतु उसे
नहीं मिल रहा माहौल
आम्रकुंज की तलाश है उसे
पर आम्रकुंज नहीं है
जिनके खिलते बौरों पर
वह झूम-झूम, इठला-इठलाकर लहरा सके

कहाँ लापता हो गईं वे सारी गुल्म-लताएँ-झाड़ियाँ
जिनकी नन्ही-कोमल-अलसाई-सी कोपलों की आँखें
खोल देता था धीरे से वह

कहाँ लुप्त हो गया बँसवाड़ी और बग़ीचे का हरापन
जो पुरबईया के मादक झोंको से मिलकर

हृदय में मधुर संगीत-सा घोल देता था
बरसों बीत गए वैसी धुन सुने

बसंत ढूँढ़ रहा चटक भरे फूलों को
जिन्हें चुपके से छूता था वह
और खिल-खिलाकर हँस पड़ते थे वे फूल
उन तितलियों को भी
जो अपने ही पंखों के रंगों पर इतरातीं
एक फूल से दूसरे फूल तक डोलती फिरती थीं
लगता था, पूछ रही हों कि
तुम्हारे शतदल अधिक सुंदर हैं या मेरे पंख—

बसंत को तलाश है उन भौरों की
जो फूलों पर मँडराते हुए सोचते थे कि
उनके गुनगुनाने से ही
ये ज़्यादा रंगीन होकर खिलते हैं

बसंत को खोज है
पलाश वृक्षों की
जिनकी एक-एक डाली पुष्प-गुच्छों से लद जाती थी
उसका लाल शोख़ रंग बसंत को बहुत भाता था

बसंत की चाह बनी हुई है
दूर-दूर तक फैले हुए सरसों के उन खेतों की
जिसकी पीली चादर-सी
बिछ जाती थी धरती पर
थका-माँदा बसंत सुस्ताना चाहता है
उसके पीले वसन पर
उसमें एकाकार हो जाना चाहता है

वह चिंता-मगन है और विकल भी
प्रेमियों के दिलों में उतरने को
उनके कानों में फुसफुसाना चाहता है कि—
यह मस्ती का मौसम है
अरसे से ह्रदय के किसी कोने गुप्त पड़े
प्रेम को प्रकट करने का
झूमने-गाने का
पर कोई राह नहीं मिल रही उसे

वह पूछ रहा—
कहाँ आऊँ मैं?
यहाँ तो सीमेंट के बड़े-बड़े भवन हैं
इनकी दीवारों के बीच मेरी बयार बह नहीं पाती
चहुँदिश ईंट, गारे और सीमेंट की ठोस अट्टालिकाएँ हैं
मेरी बयार उनके पार नहीं जा पाती
उन दीवारों के बीच घुटता हुआ दम तोड़ देता हूँ
उन कोपल, पत्तों को कहाँ ढूँढूँ
जिनकी सरसराहटों में मैं गाता-फिरता था
दूर तक फैले खेत और अमराईयाँ कहाँ गए
भौरों का गुनगुन कहाँ गुम हो गया
करंज-कचनार-शाल कहाँ चले गए
कहाँ पाऊँ इन उपादानों को
कंक्रीट के जंगल में?

28. चींटियों का समाजशास्त्र

मार्क्स-बुद्ध के दर्शन से पहले मैं
पढ़ना चाहता हूँ
चींटियों का समाजशास्त्र
कवि होने से पहले समझना चाहता हूँ
बेघर सपनों का इतिहास
चिड़ियों की भाषा
पेड़ों का हरापन
धरती की नमी का रहस्य

संदर्भ सूची :
पूर्वकथन में चर्चा किए गए कवियों का विवरण

1. केदारनाथ सिंह
2. कुंवर नारायण
3. मंगलेश डबराल
4. नरेश सक्सेना
5. शम्भु बादल - राँची। 9931182570 । shambhubadal812@gmail.com
6. नरेंद्र पुंडरीक - बाँदा। 9450169568 । pundriknarendr549k@gmail.com
7. कौशल किशोर - लखनऊ। 8400208031 । kaushalsil.2008@gmail.com
8. स्वप्निल श्रीवास्तव - फैजाबाद। 9415332326 । swapnil.sri510@gmail.com
9. कविता वाचक्नवी - +1 8328743376 । kavita.vachaknavee@gmail.com
10. बजरंग बिश्नोई - 9958877616 । bajrangbishnoikalpi@gmail.com
11. हृदयेश मयंक - 9869118707 । hridayeshmayank@gmail.com
12. मिथिलेश श्रीवास्तव - नई दिल्ली। 9430114409 । delhi.likhawat@gmail.com
13. शैलेंद्र चौहान - जयपुर। 7838897877 । shailendrachauhan@hotmail.com
14. योगेंद्र कृष्णा - मुंबई। 9835070164 । yogendrakrishna55@gmail.com
15. कैलाश मनहर - जयपुर। 9460757408 । 9460757408 । manhar.kailash@gmail.com
16. दिविक रमेश - नोएडा। 9910177099 । divikramesh34@gmail.com
17. डॉ. भरत प्रसाद - शिलांग। 9077646022 । bharatharpur25@gmail.com

18. महेंद्र नेह - कोटा। 9414176444 । mahendraneh@gmail.com
19. अरुण शीतांश - आरा। 7991195238 । arunsheetansh@gmail.com
20. मोहन कुमार डहरिया - छिंदवाड़ा। 6268539927 ।
mohankumardeheria@gmail.com
21. राजेंद्र नागदेव - भोपाल। raj_nagdeve@hotmail.com
22. भास्कर चौधुरी - 8319273093 । bhaskar.pakhi009@gmail.com
23. अशोक सिंह - दुमका। 9110072128 । ashok.dumka@gmail.com.
24. अनिता मंडा - anitamandasid@gmail.com
25. मीता दास - dasmeeta61@gmail.com
26. केशव शरण - वाराणसी। 9580619244 ।
keshavsharan564@gmail.com
27. डॉ. हरि जोशी - भोपाल। harijoshi2001@yahoo.com
28. नवनीत पाण्डे - 9413265800 । navneetpandey.bik@gmail.com
29. रमेश प्रजापति - 7011954149 । cramesh.chand10@gmail.com
30. संध्या नवोदिता - navodiita@gmail.com
31. राजेश पाठक - hellomrpathak@gmail.com
32. अनिता रश्मि - rashmianita25@gmail.com
33. अनुराधा 'ओस' - anumoon08@gmail.com
34. जवाहरलाल जलज - jawaharlaljalaj176@gmail.com
35. जितेंद्र धीर - dheerjitendra11@gmail.com
36. सुजाता कुमारी - 99sujata@gmail.com
37. नीलम झा - nilamjha1985@gmail.com
38. विशाल श्रीवास्तव - vis0078@gmail.com
39. महेश विद्रोही - vidrohimahesh12@gmail.com
40. वसुंधरा पाण्डेय - pandeyvasundhara994@gmail.com
41. निशांत - nishant.bijay@gmail.com
42. शिरोमणि महतो - 9931552982 ।
shiromani_mahto@rediffmail.com
43. रंजीता सिंह 'फ़लक' - kavikumbh@gmail.com
44. ऋषिकेश खोडके - rishikeshkhodke@gmail.com
45. भानु प्रकाश रघुवंशी - bbhanuraghuraghuwanshi54@gmail.com

46. कैलाश केशरी - kailashkeshridumka@gmail.com
47. कुंदन सिद्धार्थ - kundansiddhartha25@gmail.com
48. ललन चतुर्वेदी - lalancsb@gmail.com
49. सरिता स्निग्ध ज्योत्स्ना - jyotsna.me@gmail.com
50. बलवंत नीब - balwant.mnd@gmail.com
51. सत्या शर्मा 'कीर्ति' - satyaranchi732@gmail.com
52. शेखर सावंत - shekhar25sawant@gmail.com
53. कमल जीत चौधरी - aaohindipadhen@gmail.com
54. डॉ. अन्नपूर्णा सिसोदिया - annpurnasisodiya28@gmail.com
55. सुरेश शर्मा - suresh.sharma2405@gmail.com
56. आरती तिवारी - atti.twr@gmail.com
57. राम निवास बाँयला - राजस्थान। 9510190987।
rnbanyala@gmail.com
58. रामकुमार कृषक - सादतपुर विस्तार दिल्ली। 9868935366
59. डी एम मिश्र - 9415074318। dmmishra28@gmail.com